레고보다 간단한 신개념 조립식 영어

① 블록편

블록영어연구회 지음

블록 영어

블록 영어

블록영어연구회 지음

블록
영어
Block English

초판 1쇄 발행 · 2019년 3월 20일

지은이 · 블록영어연구회
발행인 · 김경숙
발행처 · 길벗이지톡
출판사 등록일 · 2000년 4월 14일
주소 · 서울시 마포구 월드컵로 10길 56 (서교동)
대표전화 · 02)332-0931 | **팩스** · 02)338-0388
홈페이지 · www.eztok.co.kr | **이메일** · eztok@gilbut.co.kr

기획 및 책임편집 · 임명진(jinny4u@gilbut.co.kr) | **디자인** · 황애라 | **제작** · 이준호, 손일순
영업마케팅 · 김학흥, 장봉석 | **웹마케팅** · 이승현, 최소영 | **영업관리** · 김명자, 심선숙 | **독자지원** · 송혜란

원고정리 및 편집진행 · 강윤혜 | **전산편집** · 이현해
녹음 및 편집 · 와이알미디어 | **CTP 출력 및 인쇄** · 교보피앤비 | **제본** · 경문제책

- 잘못된 책은 구입한 서점에서 바꿔 드립니다.
- 이 책에 실린 모든 내용, 디자인, 이미지, 편집 구성의 저작권은 길벗이지톡과 지은이에게 있습니다.
- 허락 없이 복제하거나 다른 매체에 옮겨 실을 수 없습니다.

ISBN 979-11-5924-220-5   03740 (길벗 도서번호 000973)
정가 15,000원

이 도서의 국립중앙도서관 출판예정도서목록(CIP)은 서지정보유통지원시스템 홈페이지(http://seoji.nl.go.kr)와
국가자료공동목록시스템(http://www.nl.go.kr/kolisnet)에서 이용하실 수 있습니다. (CIP제어번호: CIP2019007085)

독자의 1초까지 아껴주는 정성 길벗출판사

(주)도서출판 길벗 | IT실용, IT/일반 수험서, 경제경영, 취미실용, 인문교양(더퀘스트) **www.gilbut.co.kr**
길벗이지톡 | 어학단행본, 어학수험서 **www.eztok.co.kr**
길벗스쿨 | 국어학습, 수학학습, 어린이교양, 주니어 어학학습, 교과서 **www.gilbutschool.co.kr**

페이스북 · www.facebook.com/gilbutzigy | 트위터 · www.twitter.com/gilbutzigy

{ 블록영어, 추천합니다! }

> 영포자인데 블록이라는 새로운 방법으로
> 다시 시작할 수 있는 희망을 얻었습니다.
> 신선한 발상+새로운 접근+기적 같은 효과!
>
> - 이진경(31), 영어 선생님 -

> 블록영어는 아이와 함께 공부하기에도 딱 좋습니다.
> 초등학교부터 영어 교과서를 블록영어로 다 바꿔야 할 것 같아요!
>
> - 김시훈(39), 회사원 -

> 29년 동안 영어 공부에 수없이 실패했던 임 부장,
> 드디어 영어 자신감을 얻다!
>
> - 임유진(44), 회사원 -

▪ 위 추천사는 저자 카페 회원 메일과 댓글에서 발췌, 정리했습니다.

{ 영알못을 위한 세상에서 제일 쉬운 '블록영어' }

나랏말싿미 영어와 달라

대체 왜! 영어는 이렇게 배우기 힘든 걸까요? 영어를 익히는 데 있어서 가장 큰 어려움은 바로 영어와 우리말의 어순이 서로 다르다는 점입니다. 영어와 우리말을 나란히 한 줄로 놓으면 나비 날개와 같은 대칭 모양이 됩니다.

I made it for you.   너를 위해 이걸 만들었어.

영어가 모국어인 사람들은 영어의 어순 감각이 자동 탑재되어 따로 익힐 필요가 없습니다. 그러나 외국어로 영어를 배워야 하는 우리는 그 이질적 감각을 인위적으로 입력해야 합니다. 그동안 많은 시도가 있어 왔습니다. 패턴이나 5형식 문형을 익히는 것도 그중 하나죠. 혹자는 문장을 무작정 많이 듣고 외우라고 합니다. 하지만 암기는 어렵고 패턴만으로 실제 말하고 쓰는 상황에 모두 대응하긴 불가능합니다. 확장의 한계가 있는 것이죠.

3개의 블록으로 영어고민 끝!

저는 이런 문제를 해결하기 위해 '블록'이란 개념을 만들었습니다. 블록은 영어 문장을 [명사], [동사+명사], [전치사+명사]의 세 조합으로 보는 개념입니다. 이 블록들은 마치 레고 블록과 같은 역할을 합니다. 레고 블록으로 비행기나 자동차 등을 만들 듯 영어의 세 블록을 이용해 다양한 문장을 쉽게 만들고 이해할 수 있습니다. 또한 이 블록으로 언어의 생성 원리까지 엿볼 수 있습니다.

블록을 알면 우리말과 달라 어렵게 느껴지는 영어 어순을 이해하고 복잡해 보이는 문장도 간단히 파악할 수 있습니다. 신기하게도 스스로 영알못(영어를 알지 못한다)이라고 생각하는 분일수록 블록을 더 쉽게 이해합니다. 동사와 전치사가 왜 명사 앞에 오는지, 주어-동사로 문장을 이해하면 어떤 문제가 발생하는지 등 그동안 여러분을 영어와 멀어지게 만든 각종 혼돈과 의문이 한 번에 해결됩니다.

그림과 함께 하나하나 알기 쉽게!

한때 책벌레였던(과거형임) 저마저도 유튜브와 넷플릭스를 더 많이 보는 세상이 되었습니다. 친절한 설명도 구구절절 글로만 하면 지겹습니다. 이 책은 글보다 영상에 익숙해진 요즘 독자들의 환경에 맞춰 이미지와 텍스트를 일대일 대응시킨 인포그래픽스 방식으로 정리해 학습의 몰입도를 높였습니다. 영어 공부에 대한 질문을 종종 받는데 가장 많이 언급되는 말이 바로 '저는 기초가 부족한데…'입니다. 사실 여러분은 기초가 부족한 게 아니라 몇 가지 헷갈리고 막히는 구간이 있을 뿐입니다. 이를테면 품사와 동사의 변화 같은 문법 말이죠. 이런 영어의 정체구간으로 고민하는 분들을 위해 블록 학습법 뒤에 〈기초편〉을 추가했습니다. 가볍게 읽으면서 고민을 해소하세요.

끝으로 블록이라는 낯선 아이디어를 책으로 출간하기로 결정해준 용감한 길벗출판사와 독자들이 보다 쉽게 블록영어에 다가설 수 있도록 열정을 다한 편집부에 깊은 감사를 전합니다. 그리고 언어에 대한 열정으로 훌륭한 기록을 남겨주신 선학(先學)들께도 깊이 감사드립니다. 정말 마지막으로, 이 책을 쓴 저 자신에게 수고했다고 쓰담쓰담 해주고 싶습니다.

모쪼록 이 책을 통해 독자 여러분이 영어라는 생소한 언어를 익히기 위해 제가 허비한 많은 시간을 다른 더 멋진 일에 쓰셨으면 합니다.

블록영어 연구회장 K

블록편 차례

Part 1
영어는 결국 **세 개의 블록**

① '블록'이라고? 그게 뭔데?　　　　　　13
② 이해가 안 되면 하나씩 알기 쉽게　　　23
③ 리스닝과 리딩, 블록으로 빠르게　　　41
④ 회화와 영작도 블록으로 더 빠르게　　53

Part 2
알고 보면 간단한 **영어의 원리**

① 블록의 생성 원리 = 영어의 원리　　　71
② 영어와 우리말의 공통 단위 = 블록　　87

Part 3
블록 부품 확인 **영어 조립 설명서**

① 블록의 명사 자리　　　　　　　　　　99
② 블록의 동사 자리　　　　　　　　　 107
③ 블록의 장식 자리　　　　　　　　　 117

Part 4
활용 기초편 **간단한 문장**

① 블록과 블록의 관계　　　　　　　　 125
② 블록 연결 단위　　　　　　　　　　 133
③ 블록의 이동　　　　　　　　　　　　139

Part 5

활용 중급편
복잡한 문장

① 복잡한 문장의 종류   147
② 건전지 모양으로 연결된 경우   153
③ 양파 모양으로 두 문장이 연결된 경우   163

Part 6

활용 고급편
주의할 문장

① that이 있는 문장   173
② as가 있는 문장   183
③ what으로 연결된 문장   191
④ who, when, where 등으로 연결된 문장   195

+ Plus Info

주어와 동사를 쉽게 찾게 하는 S법칙   204

종합연습

연습1   209
연습2   214
연습3   219
연습4   224

For Fun!   229

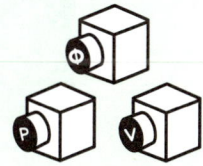

◆ 구성 및 활용법

{ 이 책은
블록영어 학습법을 담은 <블록편>과 보다 완벽한 영어구사를 돕는 <기초편>으로
학습자의 목적에 따라 2권으로 간편 분리할 수 있도록 구성했습니다. }

블록영어 학습법을 이해하고 활용한다

블록영어의 원리를 이해하고 블록을 활용해서 영어 문장을 완성하는 연습을 해봅니다.

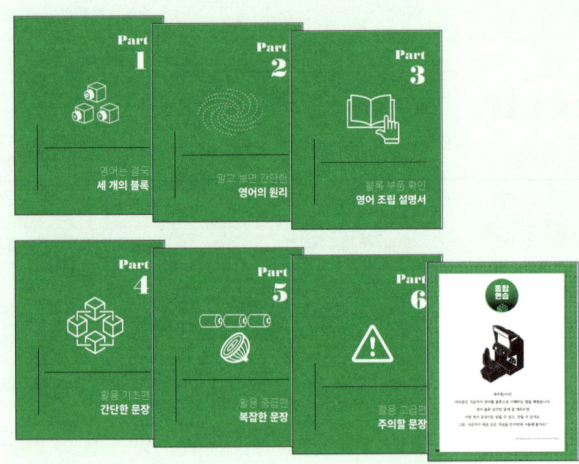

✂ -

헷갈리고 궁금했던 영어의 기초를 채워준다

품사와 동사 변화 등 영어를 어렵게 만드는 문법을 정리, 영어의 정체구간을 해결합니다.

블록편

세상에서 제일 쉬운 영어 터득법,
"블록영어"의 원리를 설명합니다.

레고 블록으로 집, 비행기, 자동차를 만드는 것처럼
영어에도 문장을 완성하도록 돕는 '블록'이 있습니다.

레고 블록도 아니고 대체 이게 뭔데?

간단한 문장도, 복잡하고 긴 문장도 예외 없이
세상의 모든 영어 문장은 '블록 세 개'로 만들어집니다.

블록 세 개로 영어가 된다고? 진짜?

그래서 블록만 알아도 여러분의 머릿속 여기저기
흩어져 있던 영어의 조각들이 차곡차곡 조립되면서
문장을 이해하고 원하는 말을 자유자재로 만들게 됩니다.
지금부터 블록이 뭔지, 블록으로 어떻게 영어를 만드는지
그 비밀을 하나씩 풀어보겠습니다.

Part 1

영어는 결국
세 개의 블록

 A1-1.mp3

'블록'이라고?
그게 뭔데?

여기 레고 블록이 있습니다.

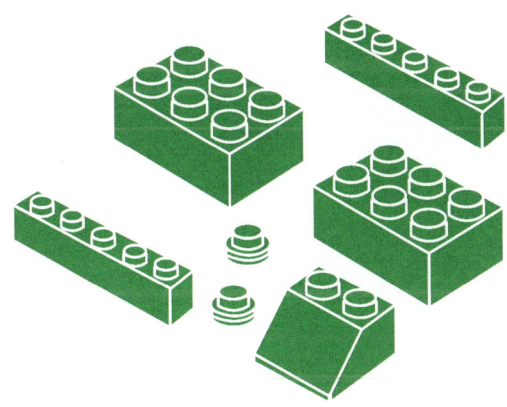

CC BY lego by Lluisa Iborra from the Noun Project

이 레고 블록으로 여러분은 차도 만들고 비행기도 만듭니다.

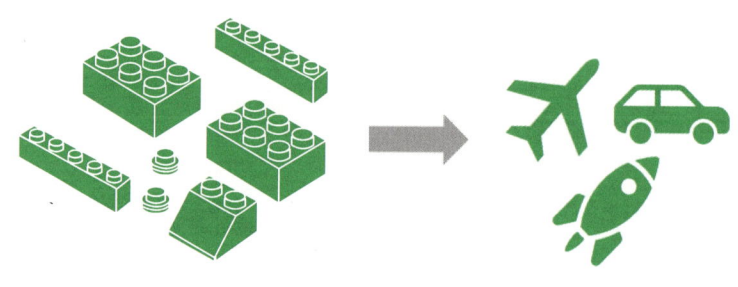

◆◆◆

이렇게 블록으로 자동차나 비행기를 만드는 것처럼 영어에서도 문장을 만드는 블록이 존재할까요?

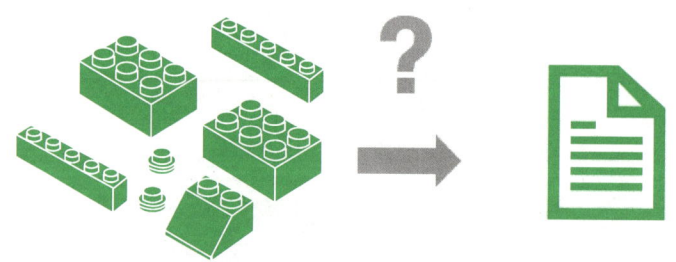

네, **영어 문장을 만드는 '블록'**이라는 것이 존재합니다.

CC BY lego by Lluisa Iborra from the Noun Project

'영어 문장을 만드는 블록'이란 바로 아래의 **세 블록**입니다.

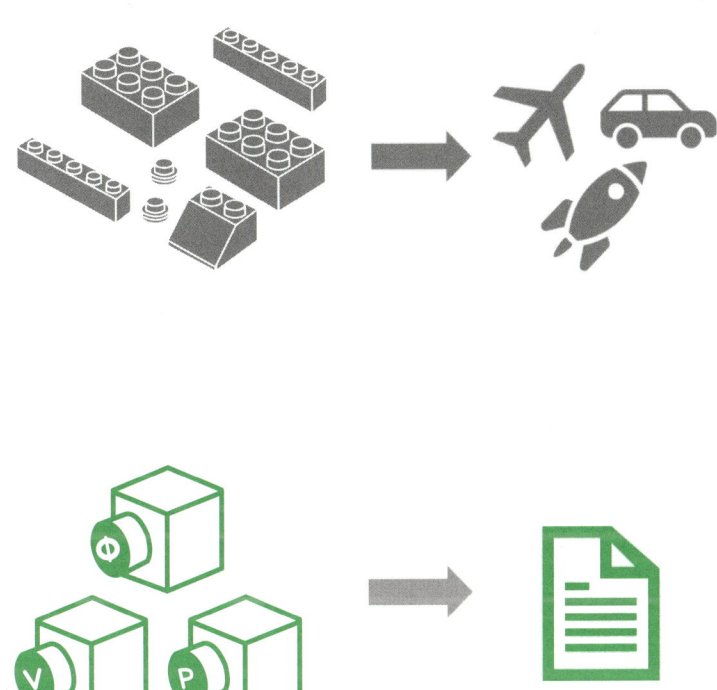

이 세상의 모든 영어 문장은
바로 이 **세 블록**으로 만들어집니다.

지금 바로 이 세 블록에 대해 소개하겠습니다.

Φ = 없음

V = 동사
Verb

P = 전치사
preposition

이 세 가지 블록은 위에서부터 각각
[명사], **[동사+명사]**, **[전치사+명사]**로 이루어져 있습니다.

• Φ의 없다는 말은 동사나 전치사가 오지 않는다는 말입니다.

예를 들어 볼까요?

She ran a brush through her hair. 라는 문장을

분해해 보겠습니다.

'그녀는 머리를 빗었다.'라는 의미입니다.

Φ + **She**  [Φ + **명사**]블록

ran + **a brush**  [동사 + **명사**]블록

through + **her hair**  [전치사 + **명사**]블록

이렇게 간단한 문장 외에도

블록은 어느 문장에나 적용할 수 있답니다.

- 심지어 아주 복잡한 문장에도 일관되게 적용 가능합니다.

아래의 이 세 조합을 각각 **블록**이라고 합니다.

[Φ +명사]블록

[동사+명사]블록

[전치사+명사]블록

이 세 블록으로 영어를 이해하고,
다루는 것을 **블록영어**라고 합니다.

 **연습을 해봅시다 ①**

TV를 한 대 샀는데 설명서에 아래와 같은 문장이 있네요.
모든 문장은 세 블록으로 이루어져 있다고 했죠?
이 문장을 블록으로 나누어 보겠습니다.

갑자기 문장이 나와서 당황하셨나요? 자세한 내용은 뒤에서 차차 다룰 거예요.

You can view your favorite videos from the drive directly on your LED monitor.

여러분은 드라이브에 있는 여러분이 좋아하는 영상들을
LED 모니터로 바로 볼 수 있습니다.

아래는 세 가지 블록으로 문장을 나눈 답입니다. 문장의 모든 요소가 하나도 빠짐없이 세 블록 중 하나에 들어가 있습니다. 지금은 이렇게 나뉜다는 것만 알아두세요.

[Φ+명사]블록

- You

[동사+명사]블록

- can view your favorite videos

[전치사+명사]블록

- from the drive
- directly on your LED monitor

 연습을 해봅시다 ②

앞의 문장이 너무 쉬워서 정말 모든 문장이 블록으로 나뉘는지 의심스럽다고요? 그럼 다음과 같이 복잡하게 보이는 문장도 블록으로 나눠 볼까요?

Watch Movies from Your USB—This LED monitor includes a USB port on the back that allows you to easily connect a USB drive. With USB-LINK, **you** can view your favorite videos, photos, and **other content** from the drive directly on your LED monitor.

'블록'이라고? 그게 뭔데?

문장이 아무리 많고 복잡해도 전부 블록으로 나눌 수 있습니다.
이제는 믿음을 가지고
각각의 블록이 어떤 것인지 알아보러 가봅시다.

[Φ+명사]블록

- This LED monitor
- that
- you

[동사+명사]블록

- Watch Movies
- includes a USB port
- allows you
- to easily connect a USB drive
- can view your favorite videos, photos, and other content

[전치사+명사]블록

- from Your USB
- on the back
- With USB-LINK
- from the drive
- directly on your LED monitor

 A1-2.mp3

이해가 안 되면
하나씩 알기 쉽게

앞서 우리는 세 가지 블록들을 만났습니다.
'대충 뭔지 알 건 같은데 아직 좀 헷갈린다'는 분들을 위해
이제 얘들을 하나하나 자세히 살펴볼까 합니다.

[Φ+명사]블록

[동사+명사]블록

[전치사+명사]블록

첫 번째 주인공은 **[명사]블록**입니다.

[Φ +명사]블록

Φ + Iron Man　　　　Φ + She　　　　Φ + The Earth

[명사]블록은 **명사**로 구성되어 있고 문장에서 **주어**로 쓰입니다.

- '그녀는', '지구가'와 같이 해석됩니다.
- Iron Man과 같이 두 개 이상의 명사로 구성되기도 합니다.

[명사]블록은 다른 블록과 다른 점이 하나 있어요.

명사 앞에 동사나 전치사가 오면 안 된다는 점이에요.

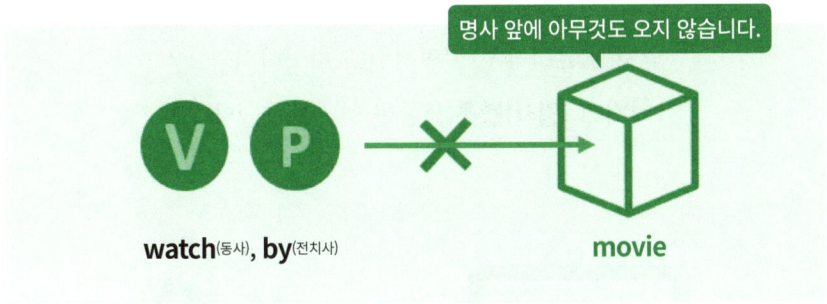

- 동사나 전치사가 오면 왜 안 되는지는 뒤에서 자세히 설명할게요.

단, 명사를 꾸미는 형용사는 명사 앞에 와도
아무런 상관이 없습니다.

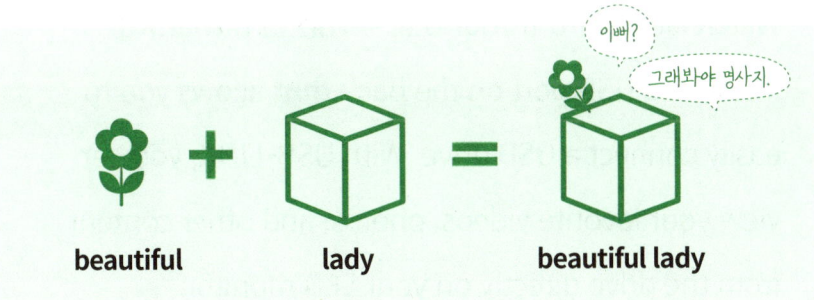

a beautiful lady나 the blue Earth는 형용사가 있지만
전체를 **하나의 명사**로 보세요.

 연습을 해봅시다 ①

앞서 보았던 TV 설명서인데 기억하시나요?
여기서 **[명사]블록**을 한번 찾아보겠습니다.

Watch Movies from Your USB—**This LED monitor** includes a USB port on the back **that** allows you to easily connect a USB drive. With USB-LINK, **you** can view your favorite videos, photos, and other content from the drive directly on your LED monitor.

잘 찾으셨나요? 그럼 [명사]블록을 하나하나 뜯어보겠습니다.

[명사]블록은 문장의 주어 역할을 담당합니다.

- 주어란? [명사]블록이 가지는 의미입니다. 동작의 주체 역할을 하죠.

이 LED 모니터는

- Watch Movies from Your **USB**—**This LED monitor** includes a USB port on the back

이 USB가 주어가 될 수 없는 이유는 앞에 from 이라는 전치사가 있기 때문이죠.

that은 당신이 ~하는 것을 허락합니다.

- **that** allows **you** to easily connect a USB drive. With USB-LINK,

you가 주어인 줄 아셨다고요?
동사 allows가 앞에 있으므로 주어가 아니죠.

당신은

- **you** can view your favorite videos, photos, and other content

you는 단수/복수 모양이 동일해서 '여러분은, 당신은' 표현을 모두 쓸 수 있어요.

[명사]블록은 명사 앞에 동사나 전치사가 없어야 한다고 했죠?

앞에 동사나 전치사가 없죠.

- Watch Movies from Your USB—**This LED monitor** includes a USB port on the back

This + LED monitor처럼 꾸미는 말은 올 수 있어요. (꾸미는 말도 [명사]블록의 일부)

that은 앞의 문장을 연결하는 접속사인 동시에 '그것'이라는 대명사이기도 합니다.

- **that** allows you to easily connect a USB drive. With USB-LINK,

이 that에 대해서는 활용 고급편(Part 6)에서 좀 더 자세히 다룰 거예요.

목적어인 you와 모양이 같습니다. 차이는 앞에 동사가 있느냐의 여부이죠.

- **you** can view your favorite videos, photos, and other content

I love you.에서 you 모양이 위와 같지만, love라는 동사가 있으므로 [명사]블록이 아니죠. love you 덩어리로 [동사+명사]블록!

두 번째 주인공은 동사와 명사가 결합된
[동사+명사]블록입니다.

[동사+명사]블록

mixing + paint   painted + a picture   reach + the top

mixing, painted와 같이 현재분사, 과거형 등의
다양한 동사형이 올 수 있어요.

- 동사의 다양한 변형에 대해 알고 싶으면 기초편 p.47을 보세요.

꼭 명사 자리에 명사가 와야만 하는 건 아니에요.

*walk + Φ

He walked.와 같이 뒤에 명사가 없어도 괜찮습니다.

[동사+명사]블록은 주로 우리말에서 **'목적어'가 들어간 동작**을 담당합니다.

Anna and Marsha are planning a dinner party.

 저녁 파티를 계획하고 있는 중입니다

주로, 우리말 조사의 '을/를'을 표현할 때 [동사+명사]블록을 사용합니다.

- [전치사+명사]블록도 '~을/를'을 표현하는 경우도 있지만, 목적어가 들어간 동작을 나타내는 건 주로 [동사+명사]블록입니다.

 **연습을 해봅시다 ②**

TV 설명서가 다시 등장했습니다.
이번에는 [동사+명사]블록에 대해 연습해 봅시다.

Watch Movies from Your USB—This LED monitor **includes a USB port** on the back that **allows you to easily connect a USB drive**. With USB-LINK, you **can view your favorite videos, photos, and other content** from the drive directly on your LED monitor.

잘 찾으셨나요? 그럼 [동사+명사]블록을 하나하나 뜯어보겠습니다.

[동사+명사]블록은 동사와 명사를 연결해 만듭니다.

주어 없이 [동사+명사]블록이 오면 '영화를 보세요'라는 명령어가 됩니다.

- **Watch Movies** from Your USB—This LED monitor **includes a USB port** on the back

a USB port에서 a가 있으므로 명사입니다.

- that **allows you to easily connect a USB drive**. With USB-LINK,

allows you와 to easily connect a USB drive 두 개의 [동사+명사]블록이 연달아 왔네요.

- you **can view your favorite videos, photos, and other content**

can view의 목적어로 videos, photos, and other content 세 개가 왔습니다. [동사+명사]블록에서 목적어인 명사는 콤마로 연결해 여러 개 올 수 있어요.

[동사+명사]블록은 주로 우리말의 '~을/를 한다'를 담당합니다.

영화를 보세요

- **Watch Movies** from Your USB—This LED monitor **includes a USB port** on the back

USB포트를 포함하고 있습니다

USB 드라이브를 손쉽게 연결하게

- that **allows you to easily connect a USB drive**. With USB-LINK,

allows you는 '당신을 허락합니다'라는 의미인데, 우리말로 옮길 때는 어색해서 생략합니다.

- you **can view your favorite videos, photos, and other content**

좋아하는 비디오, 사진 및 기타 컨텐츠를 볼 수 있습니다

[동사+명사]블록의 동사는 다양합니다. 한번 볼까요?

명령어는 동사원형을 써서 표현하죠.

- **Watch Movies** from Your USB—This LED monitor **includes a USB port** on the back

  주어가 3인칭 단수이고, 현재형 문장이라 -es가 붙었어요.

  that은 앞의 a USB port를 반복한 [명사]블록. 따라서 3인칭 단수인 a USB port로 인해 allows가 되었죠.

- that **allows you to easily connect a USB drive**. With USB-LINK,

  일반동사뿐 아니라 to+동사와 같은 동사의 변형형도 [동사+명사]블록의 동사가 됩니다.

- you **can view** your favorite videos, photos, and other **content**

  can view와 같이 조동사(can)가 동사의 앞에 올 수도 있어요. 이때 조동사 다음에 오는 동사는 원형을 씁니다.

끝으로 만나볼 주인공은
[전치사+명사]블록입니다.

[전치사+명사]블록

for + friends   from + the fence   of + a shop

우리말의 주어 '은/는'과 목적어 '을/를'을 제외한
모든 조사 부분을 담당합니다.

- 단, 우리말 조사와 영어의 전치사는 일대일 대응이 안 되니 유의하세요.

전치사는 at, about과 같이 한 단어가 대부분이지만,
in front of, such as, as soon as와 같이
여러 단어로 되어 있는 경우도 있어요.

 **[전치사+명사]블록에서 전치사의 예**

1단어
abroad, about, against, before, except, off, over, since, than, with...

2단어
according to, ahead of, because of, due to, instead of, next to, rather than...

3단어 이상
by means of, for lack of, in case of, in spite of, on behalf of, with a view to...

> 외워야 하나 고민하고 있죠? 그냥 '이런 게 있구나' 정도만 하고 넘어가도 됩니다.

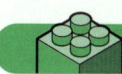 연습을 해봅시다 ③

또 다시 등장한 TV 설명서입니다.
이번엔 **[전치사+명사]블록**에 대해 연습할 차례입니다.

Watch Movies **from Your USB**—This LED monitor includes a USB port **on the back** that allows you to easily connect a USB drive. **With USB-LINK**, you can view your favorite videos, photos, and other content **from the drive directly on your LED monitor**.

잘 찾으셨나요? 그럼 [전치사+명사]블록을 하나하나 뜯어보겠습니다.

전치사는 명사와 같이 연결되어
대개 **우리말의 조사 역할**을 합니다.

- '전치사 = 조사'와 같이 생각해서는 안 됩니다. 이유는 아래의 문장 설명을 보세요.

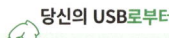
당신의 USB로부터

- Watch Movies **from Your USB**—This LED monitor includes a USB port **on the back**

뒤에

- that allows you to easily connect a USB drive. **With USB-LINK,**

USB-LINK를 통해, USB-LINK를 가지고
전치사가 단순한 조사가 아니라 동작의 의미를 가지기도 합니다.

LED 모니터에서 직접   drive로부터

- you can view your favorite videos ...... **from the drive directly on your LED monitor**

directly와 같은 부사로 꾸미려면 [전치사+명사]블록 앞에 둡니다.

연습을 해봅시다 ④

자, 이제 TV 설명서를 다시 한 번 보면서
[명사]블록, [동사+명사]블록, [전치사+명사]블록을 표시해 보세요.
그런 다음, 오디오를 듣고 큰소리로 따라 읽어보세요.

Watch Movies from Your USB—This LED monitor includes a USB port on the back that allows you to easily connect a USB drive. With USB-LINK, you can view your favorite videos, photos, and other content from the drive directly on your LED monitor.

USB로 영화를 감상하세요. 이 LED 모니터에는 USB 드라이브를 간편하게 연결할 수 있도록 뒷면에 USB 포트가 포함되어 있습니다. USB-LINK로 여러분은 드라이브에 있는 여러분이 좋아하는 동영상, 사진 및 기타 컨텐츠를 LED 모니터로 바로 볼 수 있습니다.

이렇게 해서 영어를 구성하는 세 블록에 대해 하나씩 알기 쉽게
알아보았습니다.

[Φ +명사]블록

[동사+명사]블록

[전치사+명사]블록

아무리 길고 복잡한 문장도 영어는 세 블록으로 다 완성됩니다.

그래서 블록에 익숙해지면 영어 리스닝과 리딩 속도가
빨라지고 회화와 영작도 쉬워집니다.

아, 안심하세요!
억지로 외울 필요 없이 이 책을 순서대로
따라가다 보면 저절로 체득될 테니까요.

🎧 A1-3.mp3

리스닝과 리딩, 블록으로 빠르게

세 블록에 대해 하나하나 자세히 살펴보았는데요.
가만히 보면 세 블록 사이에는 한 가지 공통점이 있습니다.

 [Φ +명사]블록

 [동사+명사]블록

 [전치사+명사]블록

여러분은 공통점을 찾으셨어요?

모든 블록에는 명사가 있다는 점입니다.

Φ + **Marsha**   [Φ +명사]블록

bought + **a jar**   [동사+명사]블록

from + **the counter**   [전치사+명사]블록

그리고 한 가지 더 중요한 공통점이 있어요. 찾아보세요.

블록 내 명사는 모두 맨 마지막에 있다는 점입니다.

Φ + **Marsha**　　[Φ +**명사**]블록

bought + **a jar**　　[동사+**명사**]블록

from + **the counter**　　[전치사+**명사**]블록

이것은 **매우** 중요합니다.
그냥 넘기지 말고 꼭 따라 해보세요.
'**블록 내 명사는 모두 맨 마지막에 있다**'라고요.

명사가 뒤에 있는 것이
뭐가 그리 중요한 것이냐고요?

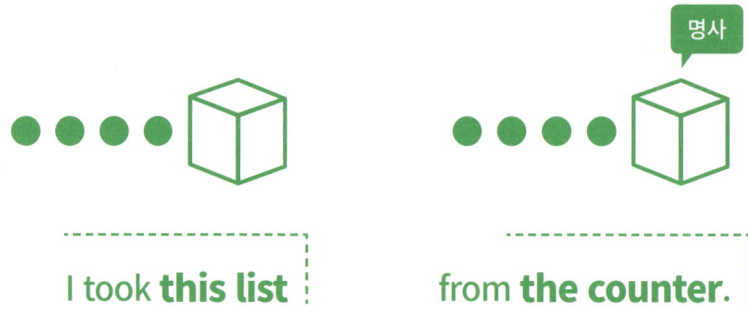

I took **this list**   from **the counter**.

영어에서 사고의 단위는 명사로 끝난다는 의미입니다.

- 사고의 단위란 의미가 일단락되는 것을 의미합니다. 끊어 읽는 지점이기도 하죠.

이와는 달리

우리말의 사고의 단위는 동사에서 끝납니다.

영어와 우리말이 거울을 마주보고 있는 것과 같은 모양입니다.
서로 반대죠.

동사로 의미를 마무리하는 우리말 감각으로
영어 문장을 읽거나 들으면 아래와 같은 일이 일어납니다.

동사를 듣는 순간 여러분의 머리는 의미를 완결했기 때문에
그 다음에 듣는 말은 어떻게 해야 할지 모르게 됩니다.

지금까지 여러분은 의미를 끝내야 할 때 시작하고,
시작해야 할 때 끝을 내버린 것이죠.

I	took **this list**	from **the counter**.
[Φ+**명사**]블록	[동사+**명사**]블록	[전치사+**명사**]블록

영어를 잘하려면 **명사 기준으로 의미를 일단락 짓는 감각**을
익혀야 합니다.

- 블록을 기준으로 하면 자연스럽게 명사로 의미를 완결 지을 수 있어요.
- 명사가 주어인 [명사]블록은 우리말과 영어가 거의 같으므로 어순에 영향을 미치지 않습니다.

많은 책에서 '주어+동사'로 문장을 이해하자고 하는데요.
이렇게 하면…

I   took **this list**   from **the counter**.

[Φ +**명사**]블록   [동사+**명사**]블록   [전치사+**명사**]블록

동사 이후의 명사 this list 및 뒷부분을 어떻게 처리해야 할지 모르게 됩니다.

이제는 이렇게 해봐요.
명사로 의미 단위를 완결 짓는 연습을 하면
영어 실력이 급격히 상승합니다.

- 그 연습 방법으로 가장 좋은 것 중 하나가 듣기입니다.

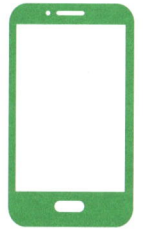 

평소에 잘 들리지 않던 영어 뉴스나 대화를 이 감각으로 들어보세요.
다른 때보다 훨씬 편안하게 들릴 거예요.

- 듣는 내용 중에 모르는 단어가 몇 개 있어도 전체 문장의 흐름을 놓치지 않게 됩니다.

물론 리딩 연습을 할 때 역시 말할 것도 없죠.
지금까지 블록의 세계를 알기 위해 우리가 했던 게 리딩 연습이었잖아요.

 **연습을 해봅시다**

이제는 익숙한 TV 설명서입니다.
여기서도 명사 단위로 사고의 단위가 일단락되는지 확인해 봅시다.

Watch Movies from Your USB—This LED monitor includes a USB port on the back that allows you to easily connect a USB drive. With USB-LINK, you can view your favorite videos, photos, and other content from the drive directly on your LED monitor.

앞에서 살펴봤던 것처럼 명사를 보는 순간 ⌐¬표시를 해보고
의미 단위를 만들어 봅시다.
그런 다음, 영문을 보지 말고 오디오를 들어보세요.

각 블록의 끝이 모두 명사로 끝나는 것이 힌트입니다.

- 사고의 끝 단위를 각 블록의 명사로 삼으세요.

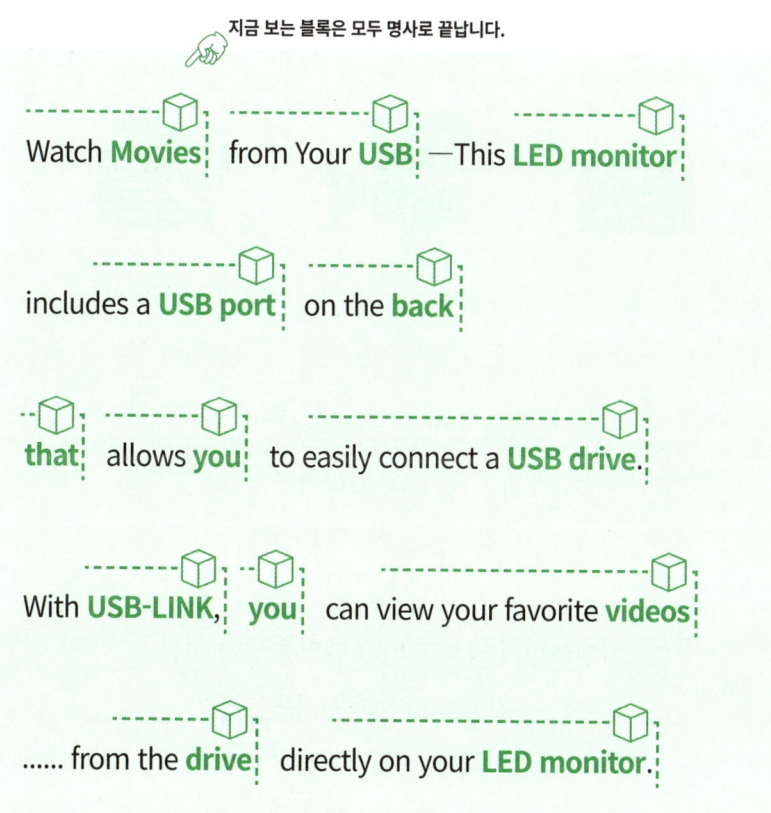

지금 보는 블록은 모두 명사로 끝납니다.

Watch **Movies** · from Your **USB** —This **LED monitor**

includes a **USB port** · on the **back**

that · allows **you** · to easily connect a **USB drive**.

With **USB-LINK,** · **you** · can view your favorite **videos**

...... from the **drive** · directly on your **LED monitor**.

어때요?

리스닝과 리딩 속도가 한결 빨라지는 것 같은

느낌적인 느낌이 들지 않나요?

앞으로 영어로 된 책을 읽거나

영어 뉴스나 영화, 드라마를 볼 때

이 감각을 놓치지 마세요!

자연스럽게 명사로 의미 단위를 완결 짓는

감각을 습관화 시키면

리스닝과 리딩 속도가 점점 빨라지는

놀라운 경험을 하게 될 테니까요.

그럼 이어서 영작과 영어회화에도 도전해 보도록 합시다.

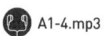 A1-4.mp3

회화와 영작도
블록으로 더 빠르게

혹시 아직도
'대체 블록을 배워서 어디다 써먹는데?!'
란 생각을 하고 계신가요?

블록을 알면 영어 문장을 듣고 이해하는 것(리스닝&리딩)은 물론,
영어 문장 만들기(손으로 쓰면 영작, 입으로 말하면 회화)도 쉬워집니다.
그 이유를 지금부터 설명해 드리겠습니다.

영어 문장을 만들 때, 몇 개의 단어만 떠오른다면
그것들을 자동으로 정렬할 수 있습니다.

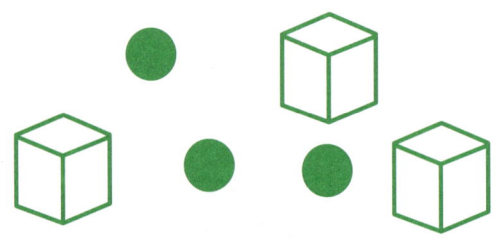

- 영작을 할 때 여러분의 머릿속에 떠오르는 영단어의 상황일 거예요.

예를 들어,
'커피 한 잔을 오래된 전자레인지에 30초 동안 넣었다.'라는
문장을 만들 때 관련된 어떤 단어가 떠올라도 문장을 만들 수 있는
위치에 이동시킬 수 있습니다.

만일 머릿속에 떠오른 단어가 '커피', '전자레인지', '30초' 등이라면

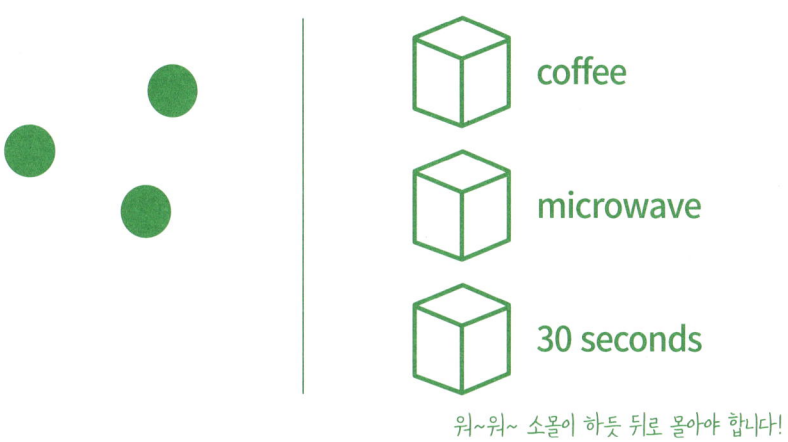

워~워~ 소몰이 하듯 뒤로 몰아야 합니다!

'커피', '전자레인지' 등은 명사이므로 무조건 블록의 **뒷**편으로 몰아야 합니다.

만일 머릿속에 떠오른 단어가 '넣다'라는 동사라면

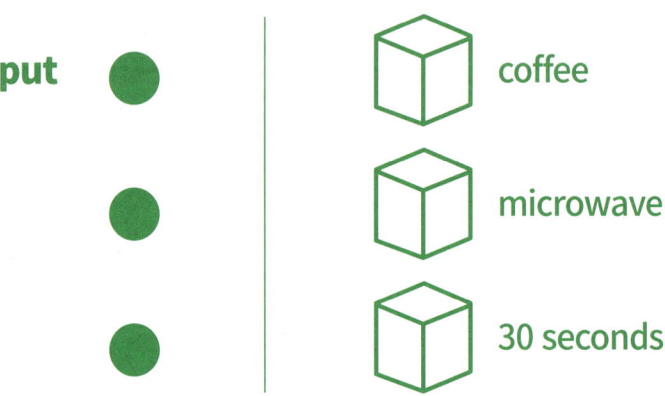

동사는 명사가 아니므로
블록을 시작하는 **앞**으로 몰아야 합니다.

이제, 남은 건 주요 내용을 서로 잇기만 하면 됩니다.

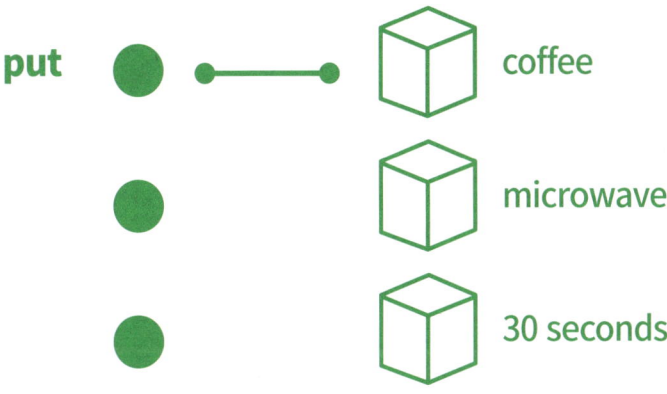

주어진 동사와 명사를 연결합니다.

연결할 동사가 없다면 전치사를 만들고 명사와 연결합니다.

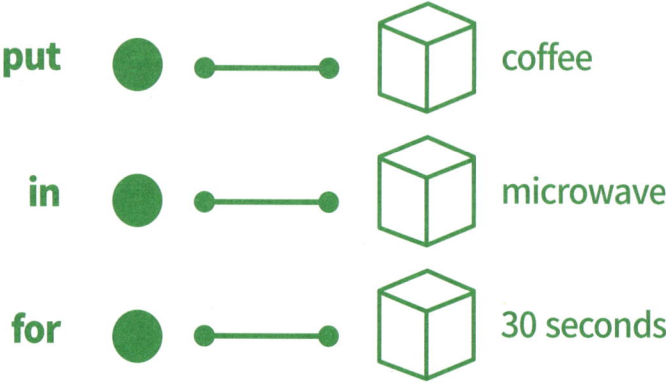

이렇게 연결한 결과가 뭐다? 바로 블록입니다.

마지막으로 동사도 전치사도 연결할 것이 없다면 주어입니다.

- in, for가 전치사입니다. 그리고 Φ 표시는 아무것도 붙이지 않는다는 신호라는 거, 다시 한 번 짚고 넘어갈게요.

지금까지의 작업을 하나로 말하면? 바로 **블록 만들기**입니다.

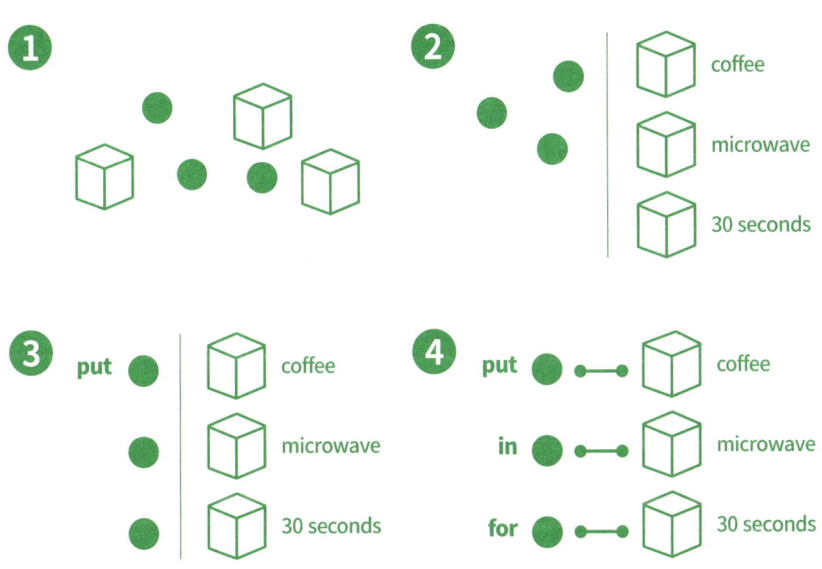

블록을 만들 수 있다는 것은 이 작업을 순식간에
처리한다는 말입니다.

마지막으로 동사의 모양을 내용에 맞게 변화시키고,
관사와 형용사를 붙입니다.

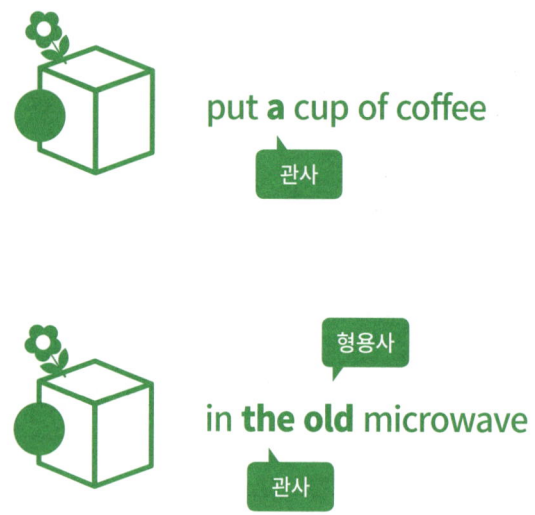

put은 현재, 과거 모두 put이므로 모양의 변화는 없네요.
'커피 한 잔'이라는 의미를 살리기 위해
coffee를 a cup of coffee로 바꾸었습니다.

짜잔! 이제 새로운 문장이 완성되었습니다.

'나는 커피 한 잔을 오래된 전자레인지에 30초 동안 넣었다.'

I put a cup of **coffee** in the old **microwave** for **30 seconds**.

익숙해지면 단어를 떠올리고 배치하는 두 단계의 작업(블록을 만드는 작업)이 동시에 이루어지고,
더 익숙해지면 블록의 구성요소를 형용사나 부사 등으로 꾸미는 작업이 동시에 이루어집니다.

설명을 위해 단계로 보여드렸습니다만,
익숙해지면 이 작업은 머릿속에서 순식간에 일어나게 됩니다.
중요한 것은 이 처리과정이 머릿속에 있느냐 없느냐죠.

연습을 해봅시다

이번에는 우리말을 보고 지금까지 배운 방법을 이용해 영어 문장을 만들어 봅시다.

이 LED 모니터에는 USB 드라이브를 간편하게 연결할 수 있도록 뒷면에 USB 포트가 포함되어 있습니다. USB-LINK로 여러분은 드라이브에 있는 여러분이 좋아하는 동영상, 사진 및 기타 컨텐츠를 LED 모니터로 바로 볼 수 있습니다.

문장을 억지로 만들려고 하지 말고
이 문장에서 떠오르는 영어 단어를 생각나는 대로
몇 개 나열해 봅시다.

다행히 영어로 된 단어가 많네요.^^

이 LED 모니터에는 USB 드라이브를 간편하게 연결할 수 있도록 뒷면에 USB 포트가 포함되어 있습니다. USB-LINK로 여러분은 드라이브에 있는 여러분이 좋아하는 동영상, 사진 및 기타 컨텐츠를 LED 모니터로 바로 볼 수 있습니다.

USB 드라이브, 연결, USB 포트, 동영상, 볼 수 있다

- 위의 문장에서 위와 같이 몇 개를 꺼내 봅시다.

머릿속에서 떠올린 단어를 영어로 바꾸어 봅시다.

USB 드라이브, 연결하다, USB 포트, 포함되어 있다,
동영상, 볼 수 있다

USB 드라이브	**USB drive**
연결하다	**connect**
USB 포트	**USB port**
포함되어 있다	**include**
동영상	**video**
볼 수 있다	**can see**

이 단어를 블록의 앞 뒤로 배치해 보겠습니다.
명사면 뒤로, 아니면 모두 앞으로 내 보내면 됩니다.

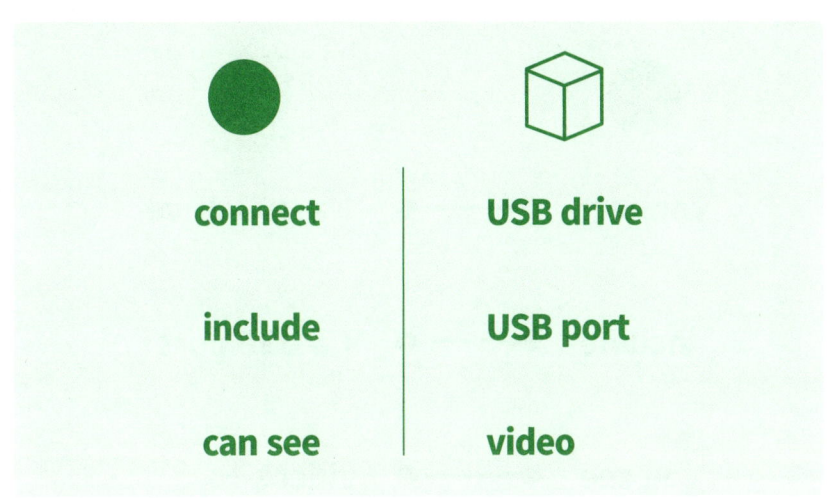

이 배치된 단어를 기준으로 명사의 단복수를 파악해
블록을 만들어 봅시다.

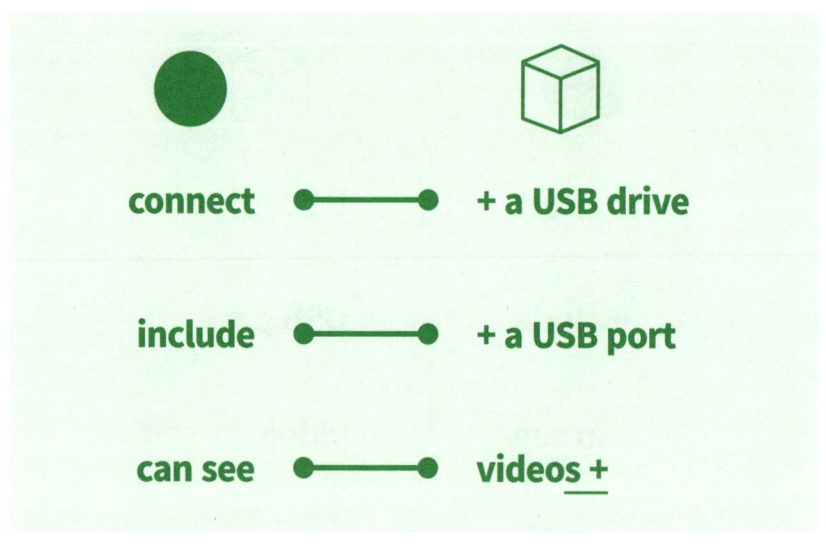

고른 단어를 두 개(동사 – 명사)씩 매칭시켜 블록을 완성했습니다.

이런 식으로 떠오르는 단어를 이용해 문장을 쉽게 만들 수 있습니다.

- 문장 전체를 만드는 것은 다른 부분도 익힌 다음 종합문제에서 해보겠습니다.
- 동사 include에 -s를 붙인 것은 주어(This LED monitor)가 3인칭 단수이기 때문입니다.
- TV나 video를 본다, 시청한다고 할 때는 watch를 쓰므로, see를 watch로 바꿉니다.

- USB 드라이브를 연결할 수 있도록   **connect a USB drive**

- USB 포트가 포함되어 있습니다   **includes a USB port**

- 동영상을 볼 수 있습니다   **can watch videos**

어떠세요?

문장 만들기가 한결 수월해지겠죠?

천리 길도 한 걸음부터라고 했습니다.

지금은 블록을 하나하나 쌓는 연습을 하고 있지만,

이게 숙달되면

순식간에 블록을 만들고,

이와 동시에 블록을 모아 문장을 만들 수 있게 됩니다.

이를 위해서는 단 세 개!

세 개의 블록만 마스터하면 됩니다.

Part 2

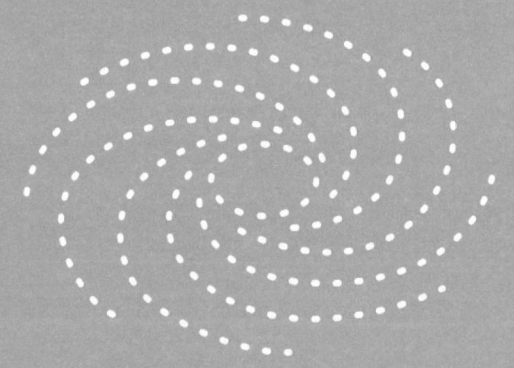

알고 보면 간단한
영어의 원리

 A2-1.mp3

블록의 생성 원리
= 영어의 원리

그럼 도대체 블록은 어떻게 탄생한 것일까요?
블록이 어떻게 만들어지는지 그 원리를 이해한다면
영어의 원리가 온몸으로 느껴질 것입니다.

블록의 생성 원리는 수학의 증명 과정처럼 설명이 가능합니다.

그리고 묘하게 재미있는 구석이 있죠!

이 세상의 모든 개념은 크게 명사와 동사로 나뉩니다.

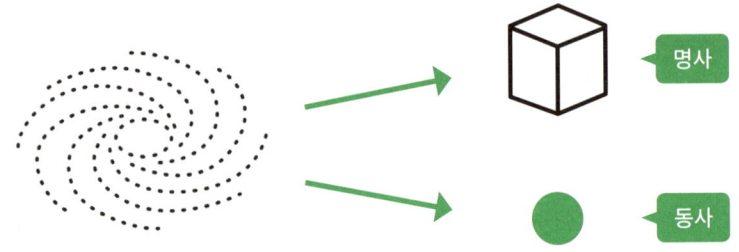

CC BY Planet by Nook Fulloption from the Noun Project

형용사나 부사는 이들(명사, 동사)의 변형이므로 여기서는
다루지 않습니다.

- 이에 대해서는 기초편(p.7)에서 자세히 설명되어 있습니다.

이는 동양철학의 음과 양에 비유할 수 있습니다.

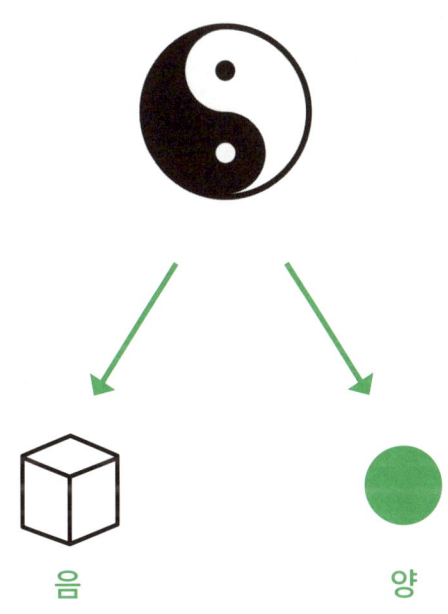

명사는 음이고 동사는 양입니다.
그 이유가 궁금하지 않으세요?

동사는 움직임이 자유롭게 변형되고 문장 내에서
독립적으로 존재할 수 있습니다.

가다   가려고   가는   …

'가다'라는 동사의 기본형이 '가려고', '가는', '가며', '가서' 등으로
자유롭게 변형되고,

마치 점토와 같죠?

여러 개의 동사가 나열되어도 각각의 문장 내 성분을
쉽게 알 수 있습니다.

걷고   달리고   운동하다

다른 단어의 도움 없이 문장 내에서 무슨 말인지 쉽게 이해됩니다.
동사가 100개 나열되어도 문장을 이해하는 데 아무런 문제가 없죠.

- 뒤에 나오는 명사의 성질과 비교해 보세요.

이에 반해 명사는 움직임이 자유롭지 못합니다.

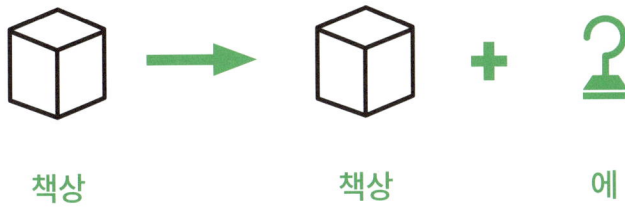

책상 　　　　 책상 　　　 에

단독으로 변형이 불가능해서 조사 같은 것이 붙어야
문장 내에 들어갈 수 있습니다.

- 영어에서는 전치사 등이 붙기도 합니다.

만일 조사와 같이 명사를 구분하는 것이 없다면
명사가 두 개만 나열되어도 두 명사의 관계,
문장 내에서의 역할을 알 수 없습니다.

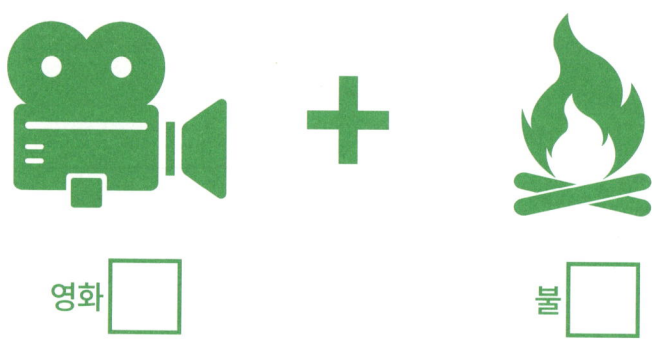

위의 그림에서 '영화'와 '불'이 어떤 관계인지 알 수 없습니다.
게다가 문장에서 영화와 불이 문장 내에서
어떤 역할을 하는지도 모릅니다.

- '영화는'인지 '영화를'인지, '불에'인지 '불로'인지 등을 전혀 알 수 없습니다.

그래서 영어든 우리말이든 명사에는 명사의 성질을
알려주는 것이 필요합니다.

우리말은 **조사**, 영어는 **전치사 등**이 그 역할을 담당하고 있습니다.
동사와는 완전히 성격이 다르죠?
그래서 음과 양이라고 말씀 드린 거예요.

- '전치사'가 아니라 '전치사 등'이라고 했어요. 잘 보세요.

그럼, 이 사실을 안 상태에서 우리말을 한번 보겠습니다.

마샤와 나는 친구들을 저녁식사에 초대했다.

여기에서 명사와 동사를 각각 골라 표시해 보세요.

직접 한번 해보세요. 깜짝 놀랄 만한 사실을 발견할 거예요.

우선 동사를 한번 표시해 보겠습니다.

마샤와 나는 친구들을 저녁식사에 **초대했다.**

동사가 **문장의 맨 마지막**에 놓여 있습니다.
- 앞에서 우리말 의미의 일단락을 동사가 짓는다고 설명 드렸는데 기억나세요?

그럼 명사는 어디에 있나요?
문장 내에서 굵은 글자로 표시해 보겠습니다.

마샤와 **나**는 **친구들**을 **저녁식사**에 초대했다.

동사를 맨 마지막에 몰아 둔 상태에서
명사가 **모두 앞에 모여 있습니다!**

조금 전 '명사는 두 개만 모여도 그 구분을 할 수 없다'는 말 기억나세요?
따라서 각 명사를 구분하기 위해 명사 모두에 표시를 붙여야 합니다.

명사 모두에 각각 문장성분을 알 수 있는 표식이 붙었습니다.
이는 우리말에서는 명사가 모두 한 데 모여 있기 때문입니다.

똑같은 내용을 영어로 표현해 보면 어떨까요?

Marsha and I invited friends to dinner.

앞서 본 바와 같이 명사와 동사에 표시를 해봅시다.
우선 동사부터 해볼까요?

Marsha and I **invited** friends to dinner.

우리말과는 달리 문장의 맨 마지막이 아니라
주어인 명사 다음에 위치했습니다.
여기서부터 우리말과 영어가 완전히 달라집니다.

다음엔 명사입니다. 명사에 표시를 해봅시다.

Marsha and I invited **friends** to **dinner**.

영어는 명사가 우리말과 달리 **모두 한꺼번에 모이는 것이 아니라
동사에 의해 일부 나뉘어 있습니다.**

따라서 명사끼리 구분해주는 표시를
우리말처럼 일일이 붙일 필요가 없습니다.

Marsha and I invited **friends** to **dinner**.

Marsha and I와 friends 사이에는 invited가 있으므로 명사가
이미 구분되어 있습니다

- invited가 우리말로 따지면 조사의 역할을 하고 있습니다. 그중에서도 목적어인 '을/를'을 담당합니다.

friends와 dinner 사이만 우리말 조사처럼 구분하면 됩니다.

Marsha and I invited **friends** to **dinner**.

우리말의 조사와 같은 것을 모든 명사에 일일이 붙일 필요가 없는 거죠.

이 구분 덩어리를 하나씩 묶어보면

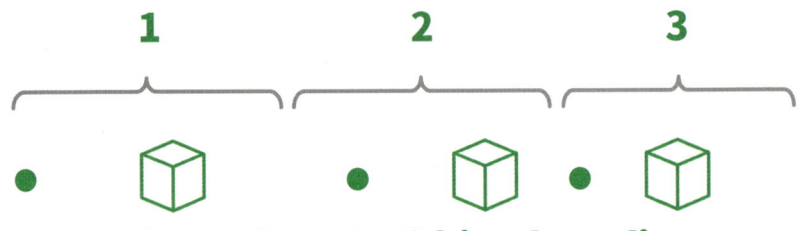

총 세 가지로 명사를 구분하는 신호가 나온다는 것을 알 수 있습니다.

이 신호와 명사를 묶은 각각을 **블록**이라고 합니다.

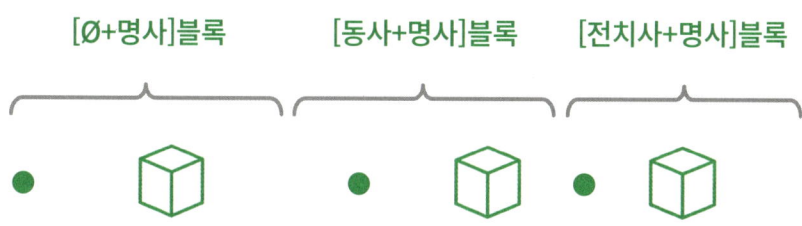

왼쪽부터 [명사]블록, [동사+명사]블록, [전치사+명사]블록입니다.
이것이 바로 블록이 만들어진 원리입니다.

- 명사 처리 관점에서 [명사]블록은 '이/가'를 담당하고, [동사+명사]블록은 '을/를', [전치사+명사]블록은 나머지 모든 조사를 담당합니다.

우리말에서 명사를 구분하는 표시는 조사 하나지만,

1 : 3

영어에서 명사를 구분하는 표시는
아무것도 붙이지 않는 것(Φ), 동사(V), 전치사(P)
이렇게 총 3개가 담당합니다.

영어와 우리말의 공통 단위
= 블록

블록은 영어를 가장 직관적으로 이해할 수 있는 단위이며,
우리말과 가장 유사한 인식 길이를 가지고 있는 단위입니다.

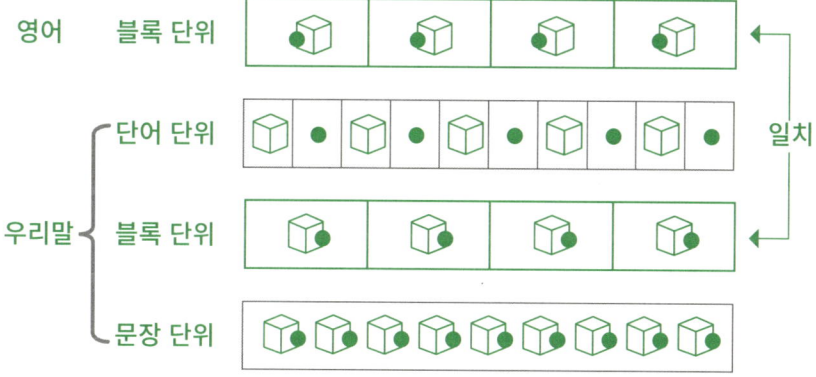

단어 하나 단위로 봐서는 문장을 제대로 이해할 수 없고,
문장 전체 단위로는 문법을 적용할 수도 없습니다.

블록은 영어 문장의 최소 의미 단위이며,
문법을 적용하려 해도 어차피 블록 단위로 봐야 합니다.

게다가 블록은 우리말과 영어가 가장 유사한 인식 길이를 갖고 있어서
받아들이기도 쉽습니다.

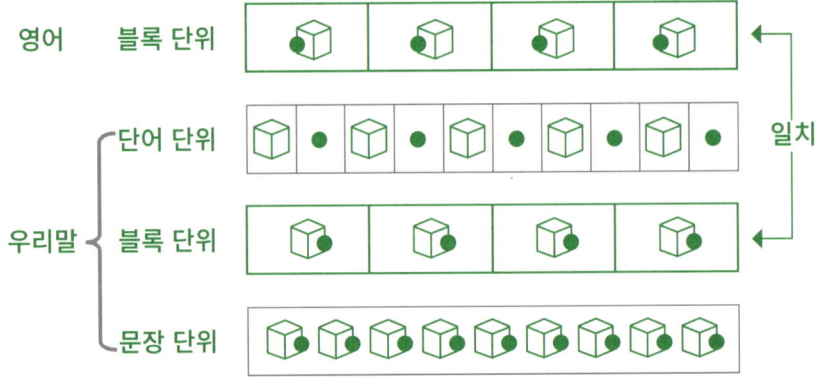

그래서 블록을 이해하면
영어가 우리말처럼 쉬워지죠.

여기서 잠깐!

[명사]블록 앞에는 동사나 전치사가 오지 않는다고 했는데요.

[Φ +명사]블록

[명사]블록의 명사 앞에 동사와 전치사가 오면 안 되는 이유가 뭘까요?

[명사]블록의 앞에 동사와 전치사가 오면
우리말의 조사가 중복되는 것과 같은 현상이 일어나기 때문입니다.

Ф + The desk  책상은

문장 내에서 [명사]블록의 명사는 그 자체로 '은/는'이라는
조사를 가집니다.

여기에 전치사를 붙여서 의미를 더하게 되면

to + Ф + **the desk**  책상은으로

주어인 '은'이라는 조사에 '으로'가 이중으로 쓰인 꼴이 되어 버립니다.
이런 이유로 인해 [명사]블록의 명사에는 전치사나 동사가 오지 못합니다.

- the desk는 일반적인 명사가 아니라 [명사]블록의 명사를 의미합니다.
- 이 원리는 뒤에 주어와 동사가 멀리 떨어진 경우 주어를 파악하는 데 요긴하게 쓰입니다. 잘 봐두세요.

 **연습을 해봅시다**

TV 설명서를 보며
블록의 원리를 한 번 더 연습해 봅시다.
이번에는 우리말로!

이 LED 모니터에는 USB 드라이브를 간편하게 연결할 수 있도록 뒷면에 USB 포트가 포함되어 있습니다. USB-LINK로 여러분은 드라이브에 있는 여러분이 좋아하는 동영상, 사진 및 기타 컨텐츠를 LED 모니터로 바로 볼 수 있습니다.

일단 우리말의 경우 명사와 동사가 어디에 위치해 있는지 표시해 봅시다.
우선 명사에 체크 표시를 해보세요.

이 LED 모니터에는 USB 드라이브를 간편하게 연결할 수 있도록

뒷면에 USB 포트가 포함되어 있습니다.

USB-LINK로

좋아하는 동영상, 사진 및 기타 컨텐츠를 LED 모니터로 바로 볼 수 있습니다.

모든 명사는 문장의 앞에 모여 있음을 알 수 있습니다.
다음은 동사를 찾아 표시를 해봅시다.

✓ ✓
이 LED 모니터에는 USB 드라이브를 간편하게 연결할 수 있도록

✓ ✓
뒷면에 USB 포트가 포함되어 있습니다.

✓
USB-LINK로

✓
 ✓
좋아하는 동영상, 사진 및 기타 컨텐츠를 LED 모니터로 바로 볼 수 있습니다.

동사 자리는 문장의 맨 뒤에 위치하고 있죠?
바로 이것이 우리말의 특징입니다.

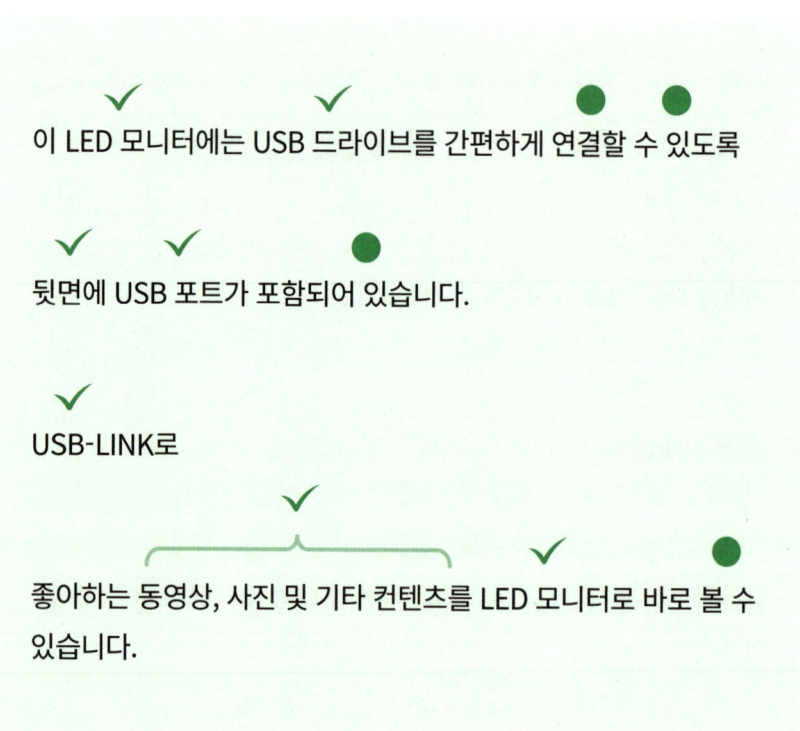

마지막으로 명사를 구분할 수 있도록 하는 조사에 밑줄을 그어 보세요.
명사와 조사의 짝이 바로 블록입니다.

✓ ✓ ● ●
이 LED 모니터에는 USB 드라이브를 간편하게 연결할 수 있도록

✓ ✓ ●
뒷면에 USB 포트가 포함되어 있습니다.

✓
USB-LINK로

✓ ✓ ●
좋아하는 동영상, 사진 및 기타 컨텐츠를 LED 모니터로 바로 볼 수 있습니다.

영어와 우리말의 공통 단위 = 블록

명사가 한꺼번에 모여 있기 때문에 각각을 구분하는 조사가 명사 뒤에 있습니다.

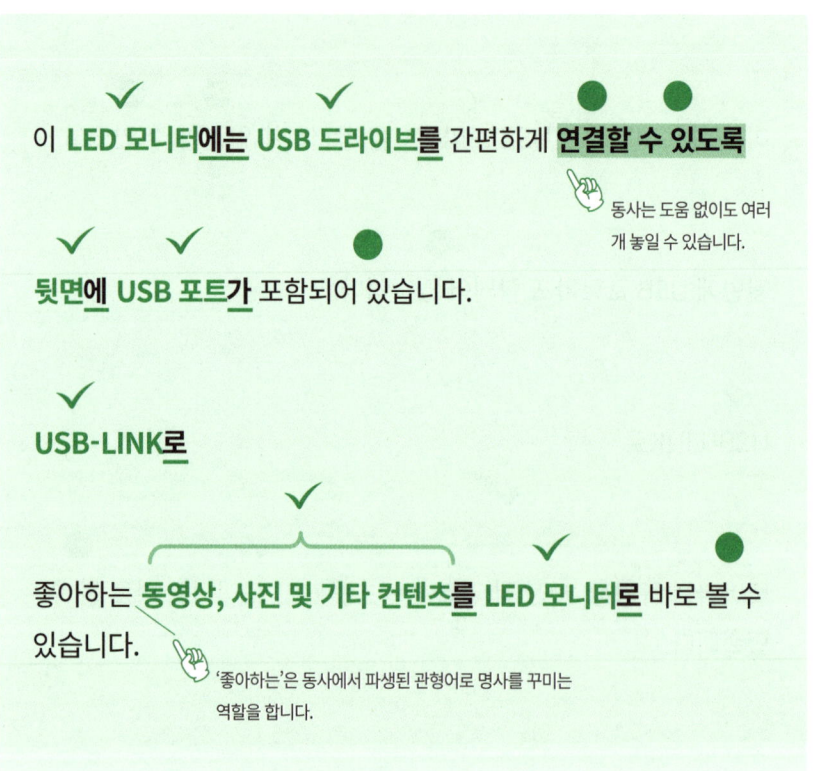

Part 3

블록 부품 확인
영어 조립 설명서

1

🎧 A3-1.mp3

블록의 명사 자리

블록을 이루고 있는 동사, 명사, 전치사에 대해
좀 더 파헤쳐 보는 시간을 가져봅시다.
어떤 것이 올 수 있고 어떻게 구분하는지 좀 더 자세히!

먼저 각 블록의 명사 자리에 들어오는 것들부터 알아보도록 하죠.

세 가지 블록에는 모두
명사가 들어간다는 공통점이 있습니다.

[Φ + **명사**]블록

[동사 + **명사**]블록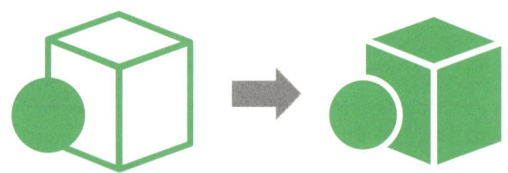

[전치사 + **명사**]블록

이 명사들의 자리에는 car, money, love와 같은 명사,
그야말로 문자 그대로 명사가 올 수 있죠.
뿐만 아니라 기초편에서 본 말랑이의 딱딱한 모양이
올 수도 있습니다.

동사를 명사화시켜 명사 자리에 들어올 수도 있다는 말이죠.

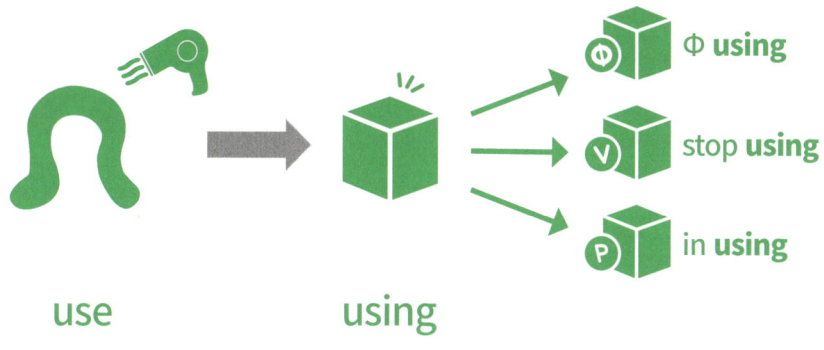

이렇게 하면 모든 동사를 명사로 쓸 수 있어 효율적입니다.

◆◆◆

예를 한번 들어보겠습니다. 앞서 본 use의 딱딱이 형태인 using입니다.

[Φ +**명사**]블록　　Φ + **Using** the piece of paper 종이를 **쓰는 것은**

[동사+**명사**]블록　　try + **using** the piece of paper 종이 **쓰기를** 시도하다

[전치사+**명사**]블록　　in + **using** the piece of paper 종이 **쓰기에**

using이 각 블록의 명사 자리에 명사처럼 쓰였습니다.

- 동사의 성질도 남아 있어서 using 다음에 the piece of paper가 왔습니다.
- 기초편(p.103)에서 -ing형에 대해 충분히 다루고 있습니다.

연습을 해봅시다 ①

카메라 설명서에 다음과 같은 문장이 있네요.
이 문장을 블록으로 이해해 보려 하는데, [명사]블록부터 찾아보세요.

Conveniently charge your battery via USB

Charging your battery has never been easier via USB. Simply connect your camera via USB to your PC's USB port or a power supply and charge your battery on the go.

USB로 배터리를 편리하게 충전하세요.
배터리를 충전하는 데 USB를 이용하는 것보다 더 쉬운 건 없습니다. 그저 USB를 이용해 카메라를 컴퓨터 USB 포트 또는 전원에 연결해 배터리를 쭉 충전하면 됩니다.

동사의 모양을 명사형으로 바꾸어
블록의 명사 자리에 넣었습니다.

- **Charging your battery** has never been easier via USB.
  - 'charge/충전하다'의 동사에 -ing를 붙여서 명사형을 만들었습니다.
  - charging 앞에 동사나 전치사가 없으므로 문장의 주어가 됩니다.

 **연습을 해봅시다 ②**

계속해서 다음은 카메라를 구입하고 난 **인터넷 후기**의 일부입니다.
아래 문장에서 seeing은 어떻게 읽고 이해해야 할까요?

Soni Digital Camera (Black)

 List Price: $80.45   Shipping Free

Donna Summer

★★★★☆ **The camera is excellent and the pictures are of the highest quality** January 20, 2021

Love **seeing** the pictures of my baby taken on this nice little camera.

 10   0

소니 디지털 카메라 (검정)

정가: 80달러 45센트 배송비 무료

다나 서머

카메라가 좋아요. 사진의 화질도 좋고요. 2021. 1. 20

이렇게 작고 훌륭한 카메라로 찍은 우리 아가의 사진을 보는 게 아주 좋습니다.

동사의 모양을 명사형으로 바꾸어
블록의 명사 자리에 넣었습니다.

Soni Digital Camera (Black)

 List Price: $80.45   Shipping Free

Donna Summer

★★★★☆ **The camera is excellent and the pictures are of the highest quality** January 20, 2021

Love **seeing** the pictures of my baby taken on this nice little camera.

- 동사 see(보다)에 -ing를 붙여서 명사형을 만들었습니다.
- [동사+명사]블록(love seeing)의 '명사' 자리에 들어가 '바라보는 것'이라는 의미를 지니고 있습니다.
- 동시에 동사의 의미를 지녀 목적어인 the pictures를 포함하고도 있습니다.
- love는 I love에서 I가 생략된 표현입니다. 일반 생활에서는 자주 나오는 표현입니다.

영어 블록을 만드는 데 아주 큰 비중을 차지하는 명사,
그 명사 자리에 안성맞춤인 것들은?

네, 그렇습니다.
명사뿐 아니라 동사의 딱딱이 형태(-ing형 등)도 올 수 있다는
사실을 알아봤는데요.

동사의 딱딱이 형태가 명사 자리에 오는 경우,
딱딱이는 명사이기도 하지만
동사의 성질도 남아 있어서
뒤에 목적어를 동반할 수도 있다는 점까지 살펴봤습니다.
이렇게 보니까, 별거 없죠?

[Φ +**명사**]블록　　Φ + **Using** the piece of paper 종이를 **쓰는 것은**

[동사+**명사**]블록　　try + **using** the piece of paper 종이 **쓰기를** 시도하다

[전치사+**명사**]블록　　in + **using** the piece of paper 종이 **쓰기에**

🎧 A3-2.mp3

블록의 동사 자리

두 번째로 다룰 것은 블록의 동사입니다.

[동사+명사]블록

[동사+명사]블록의 동사 자리에는 다양한 모양의 동사가 들어가는데요. 어떤 것들이 들어가는지 알아보겠습니다.

블록의 동사 자리에는 첫째, **핵심동사**가 들어옵니다.

[동사+명사]블록

made, will make, have made

They **made** a choice.

They **will make** a choice.

They **have made** a choice.

[명사]블록 다음에 반드시 다른 동사의 모양보다 먼저 옵니다.

- 이에 대해서는 기초편 및 종합연습에서 충분히 연습하세요.

그 사람들은 선택을 했다.
그 사람들은 선택을 할 것이다.
그 사람들은 (줄곧 고민하다) 선택을 했다.

두 번째는 **동사의 변형**입니다.

[동사+명사]블록

to make, making, made

They went out **to make** a choice.

They've spent their lives **making** choices.

They have a choice **made** by their parents.

이 동사의 변형은 한 문장 내에서 동사의 연결을 담당합니다.

- 이에 대해서는 기초편 및 종합연습에서 충분히 연습하세요.

그 사람들은 선택하러 나갔다.
그 사람들은 (끊임없이) 선택을 하며 자신들의 삶을 보냈다.
그 사람들은 부모가 해준 선택을 했다.

세 번째는 여러 개의 동사를
하나의 동사처럼 봐야 하는 경우입니다.

[**동사**+**명사**]블록   [**동사**+**명사**]블록   [**동사**+**명사**]블록

want + to go ⬜ = **want to go** ⬜

⬜

동사 want 다음에 동사의 변형인 to go가 바로 왔습니다.
이런 경우 want to go를 **하나의 동사**로 보는 것이
더 효율적입니다.

- 이에 대해서는 기초편 및 종합연습에서 충분히 연습하세요.

네 번째는 동사에 전치사나 부사가 들어가 **하나의 동사처럼** 되는 경우입니다.

[**동사**+**명사**]블록

동사 ran과 전치사 into가 모여 두 단어가 가진 각 의미와는 완전히 다른 의미인 '~를 우연히 만나다'라는 의미가 되었습니다. 이런 단어의 모음도 하나의 동사처럼 봐 주세요.

- ran + into an old friend로 봐도 상관없습니다.

난 옛 친구를 우연히 만났다.

 **연습을 해봅시다 ①**

차를 충전하려고 하는 듯한 모습이 보입니다.

무슨 말을 하고 있을까요?

이 문장 내에 들어간 다양한 동사의 변형을 한번 찾아보세요.

> We need to recharge the battery to get the car started.

우리는 자동차 시동을 걸기 위해 배터리를 재충전해야 한다.

우선 핵심동사부터 찾아봅시다.

We **need** to recharge the battery to get the car started.

 we가 하는 동작 중 가장 중요한 핵심 동작입니다.

그 다음 동사의 변형을 찾아보세요.

We need **to recharge** the battery **to get** the car **started**.

 to+동사원형 및 과거분사 ed형이 왔습니다.

- 각각에 대한 설명은 기초편을 참조하세요.

연습을 해봅시다 ②

끝으로, 동사에 부사가 붙은 부분을 한 동사처럼 말하거나 읽는 경우를 한번 찾아보세요.

CC BY dirty toilet by Gan Khoon Lay from the Noun Project

> If you're worried about the cleanliness of the restaurant, check out the bathroom.

그 식당의 청결이 염려된다면 화장실을 살펴보세요.

잘 찾으셨나요?

동사에 부사가 들어가 하나의 동사처럼 되는 부분은 다음과 같습니다.

CC BY dirty toilet by Gan Khoon Lay from the Noun Project

If you're worried about the cleanliness of the restaurant, **check out** the bathroom.

 부사 out이 동사 check와 붙어서 '살펴보다'라는 하나의 동사가 되었습니다.

영어 블록을 만드는 데 명사 못지않게 중요한 비중을
차지하는 동사!
그 동사 자리에 안성맞춤인 것들은 크게 네 가지 있네요.

첫 번째가 핵심동사요,
두 번째가 동사의 변형이요,
세 번째가 여러 개의 동사를 하나의 동사로 봐야 하는 경우요,
네 번째가 동사에 전치사나 부사가 들어가 하나의 동사처럼
되는 경우네요.

블록의 동사 자리에 오는 것들,
분위기 파악 되시죠?

3

🔊 A3-3.mp3

블록의 장식 자리

블록과 그 내부의 내용을 좀 더 자세하게 묘사하기 위한
장식이 올 수 있습니다.

장식의 종류는 두 가지입니다.
애들은 장식일 뿐 블록 자체에 아무런 영향을 미치지 않습니다.

[동사+명사]블록을 앞뒤에서 꾸며주는 경우입니다.

She sang **loudly**.

We left it **here**.

I **often** make mistakes.

우리말 문법으로 **부사어**라고 합니다.

부사어는 없어도 문장의 큰 의미를 이해하는 데 지장이 없습니다.

그 여자는 크게 노래를 불렀다.
우리는 그것을 여기에 뒀다.
나는 실수를 자주 한다.

당연히 **명사를 꾸며 주는 장식**도 있겠죠?

That's an **interesting** idea.

Tell me something **interesting**.

I saw **three happy** kids.

우리말 문장성분으로는 **관형어**라고 합니다.
명사의 뒤에도 위치할 수 있고,
three happy와 같이 여러 개가 동시에 올 수도 있습니다.

그거 흥미로운 생각이네.
뭔가 재미있는 것 좀 말해줘.
난 세 명의 행복한 아이들을 봤어.

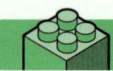 연습을 해봅시다

다음 문장의 각 블록에 관형어와 부사어를 넣어보세요.

> We went to a restaurant and had drinks and tons of food.

+ nice, just, delicious, free

우리는 식당에 가서 음료를 마시고 음식을 엄청 먹었어.

다 넣으셨나요?
정답은 아래와 같습니다.

We **just** went to a **nice** restaurant and had **free** drinks and tons of **delicious** food.

우리는 그냥 멋진 식당에 가서 공짜 음료를 마시고 맛있는 음식을 엄청 먹었어.

꾸미지 않는 삶은 무미건조한 것처럼
영어 역시 말을 꾸미는 장식이 없으면
언어생활이 좀 재미없어집니다.

부사어나 관형어는 없어도
문장의 큰 의미를 이해하는 데 지장이 없다고 하더라도
우리의 언어생활을 활기차고 풍요롭게 하려면
부사어나 관형어 같은 장식 활용을
잘해야 합니다.

그래서 블록의 2대 주요부품인 명사와 동사 사용 설명에 이어,
Part 3 마지막에서는 블록의 장식인 부사와 관형어
사용 설명에 대해 간단히 살펴본 것이죠.

이로써 블록의 개념과 블록의 부품에 대해서는
하나하나 다 살펴봤으니, 이제 본격적으로 블록과 블록을 연결해
문장을 만드는 단계에 돌입하도록 합시다.

Part 4

활용 기초편
간단한 문장

1

🎧 A4-1.mp3

블록과 블록의 관계

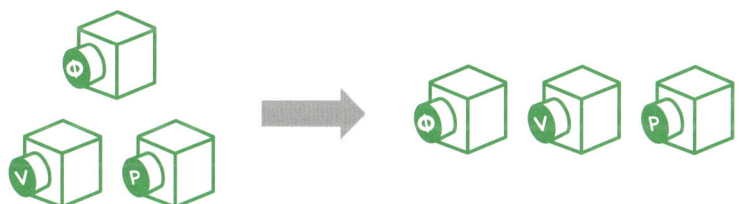

이제 한 문장 안에서 블록은 어떻게 작동하는지 알아봅시다.

많은 사람들이 단어의 의미만으로 문장의 의미를 추측하곤 합니다.

단어
단어 단어
단어 단어 단어
단어 단어 단어 단어
단어
단어

하지만 영어의 각 단어는 엄격한 관계와 규칙으로 나열되어 있습니다.
단어의 의미만으로 전체 문장의 의미를 추측하는 것은
항상 오류의 가능성을 내포하게 됩니다.

블록의 관계를 이해하면 논리적으로 문장의 의미를 파악할 수 있습니다.

블록 사이에는 정해진 서로의 해석 관계가 존재합니다.

첫째, [명사]블록과 [동사+명사]블록은 관계랄 것이 없습니다.

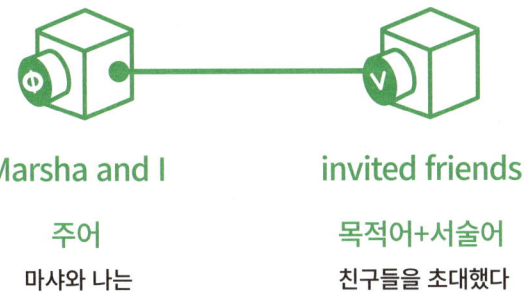

[명사]블록은 '주어', [동사+명사]블록은 '목적어+서술어'를 담당하니까요. 누가 해석해도 명쾌하게 같은 결과가 도출됩니다.

◆◆◆

문제는 [전치사+명사]블록입니다.

영어의 전치사와 우리말의 조사가 일대일 대응이 아니기 때문에 다양한 해석을 할 수 있습니다.

이 중 정확한 해석은 [전치사+명사]블록 자체만으로
의미가 확정될 수 없고

Marsha and I　　**invited friends**　　**to dinner.**

주어　　　　　　목적어 + 서술어

마샤와 나는　　　친구들을 초대했다

결정
저녁에
저녁 쪽으로
저녁까지

앞 블록의 명사, 동사와 의미를 연결할 때만 가능합니다.

❖❖❖

그럼, 앞에 위치한 명사 두 개, 동사 중 하나와 의미를 연결해 봅시다.

☐　**Marsha and I** + to dinner.　　　마샤와 나는 저녁으로 (향해 있다)

☑　**invited** + to dinner.　　　　　　저녁에 초대하다

☐　**friends** + to dinner.　　　　　　친구들을 저녁으로

위의 연결 중 가장 자연스러운 연결은 가운데,
동사와 연결되었을 때네요.

• 앞 단어와 의미가 연결된다는 말은 앞 단어의 내용을 좀 더 자세히 설명한다는 말입니다.

의미를 파악하기 위해 무조건 앞의 명사 두 개, 동사 하나(총 세 개)와 연결해봐야 할까요?

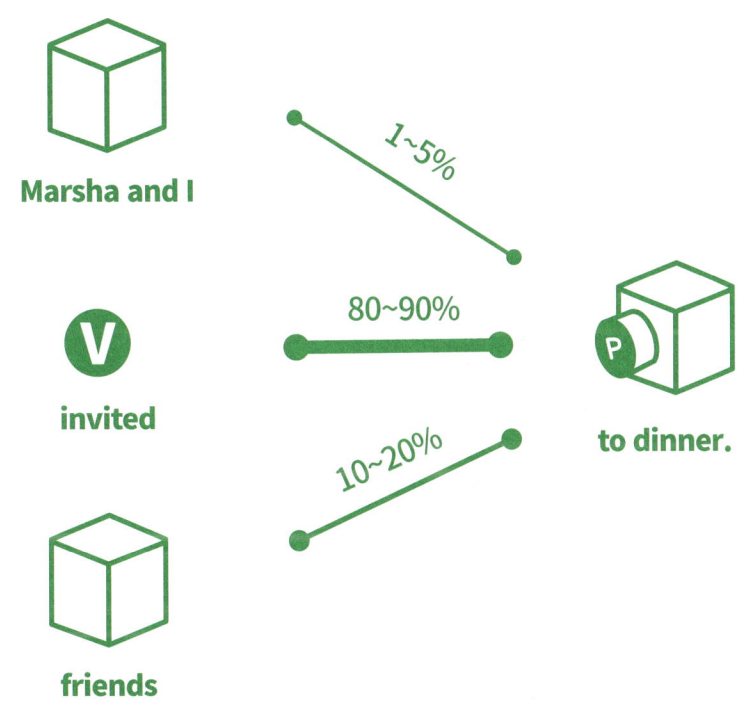

그렇지는 않습니다. 보통 [동사+명사]블록의 동사와 연결이 가장 많이 됩니다. 위의 문장에서도 invited와 연결이 가장 자연스러웠죠?

- 어려운 문장을 읽다가 해석이 안 된다면 이 세 가지와 대응을 시켜서 해석해 보세요.

연습을 해봅시다

밑줄 친 블록들은 앞 단어의 어떤 것과 의미가 연결되는지 표시해 보세요.

NETFLIX Canon H&M

CC BY marketers by Danil Polshin from the Noun Project

Marketers use certain colors
in their logos or advertisements to evoke emotions.

마케터들은 감정을 유발하기 위해 자신들의 로고나 광고에 특정 색깔을 사용한다.

밑줄 친 블록은 앞 블록의 어느 단어와 잘 어울리는지 매칭시켜 봅시다.

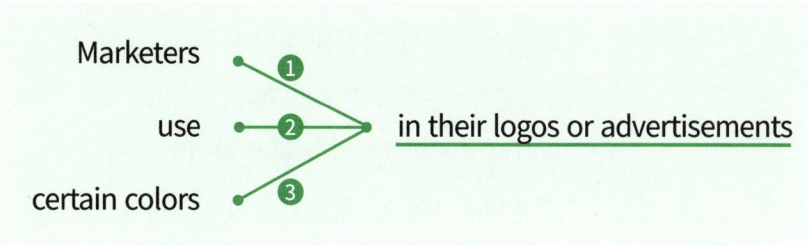

본문에서 설명드린 바와 같이 동사와 80~90% 이상 연결됩니다.
이 문장에서도 use와 in their logos or advertisements가
가장 잘 어울립니다.

다른 블록은 어떨까요?

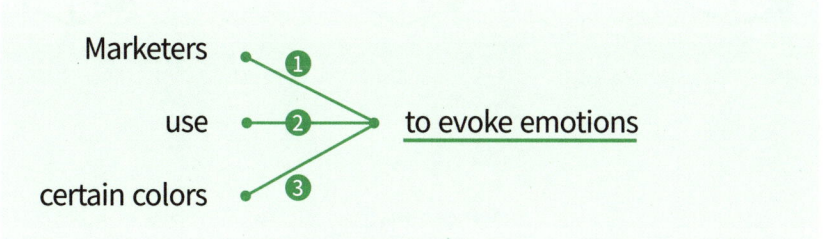

역시 [동사+명사]블록의 동사(❷번)와 의미가 연결되어 있습니다. 만일 의미가 어색하다면 다른 ❶, ❸번 명사와 의미를 연결해봐야 합니다. 하지만 그 확률은 1% 정도로 낮습니다.

블록과 블록이 연결되어 문장을 이룹니다.
이때 블록과 블록의 관계는
한 문장의 의미에 영향을 미치죠.
특히 [전치사+명사]블록의 경우,
어떤 의미의 블록과 연결되느냐에 따라
그 의미가 좌우된다는 사실을 직접 확인해 봤습니다.

단어 하나하나의 의미는 다 아는데
문장의 의미를 도통 모르겠다 하는 경우, 많이 접하셨을 텐데요.
이렇듯 블록과 블록의 관계를 잘 짚어낸다면
그런 부분도 금세 해결이 될 것입니다.

그런데 말이죠,
실제 문장을 이해할 때 무조건 블록을
하나하나 다 구분해야 하는 걸까요?
그 해답을 다음 장에서 살펴보도록 하겠습니다.

2

🎧 A4-2.mp3

블록 연결 단위

실제 문장을 이해할 때 무조건 블록을
하나하나 구분해야 하는 것은 아닙니다.

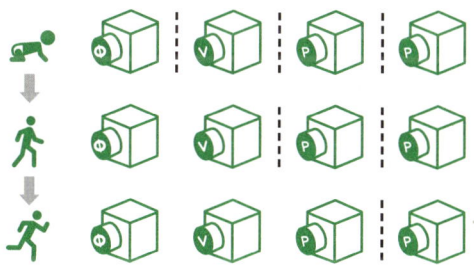

실력이 늘어남에 따라 묶어서 이해하는 단위가 커집니다.
그러면 어느 정도 묶는 것이 효율적일까요?

일반적으로, 해석이 명확한 [명사]블록과 [동사+명사]블록은
끊어 읽지 말고 한 번에 이해합시다.

She ¦ wanted to drive ¦ to a special place ¦ in Washington, D.C.

She wanted to drive ¦ to a special place ¦ in Washington, D.C.

◆◆◆

[동사+명사]블록과 [전치사+명사]블록은 연결해야 의미가 명확해지는
만큼 되도록 같이 묶는 연습을 해두세요.

She ¦ wanted to drive ¦ to a special place ¦ in Washington, D.C.

She wanted to drive ¦ to a special place ¦ in Washington, D.C.

She wanted to drive to a special place ¦ in Washington, D.C.

길면 한 타임 쉬기도 합니다.

이렇게 묶다 보면 블록으로 나누는 부분이 없어집니다. ㅋㅋㅋ

She wanted to drive to a special place in Washington, D.C.

She wanted to drive to a special place in Washington, D.C.

She wanted to drive to a special place in Washington, D.C.

She wanted to drive to a special place in Washington, D.C.

맞습니다. 마지막 단계가 되면 블록 자체가 의식되지 않게 됩니다.
그래도 머릿속에서는 블록 단위로 문장을 인식합니다.
너무 빨라 아닌 것처럼 느껴질 뿐이죠.

이 모든 과정은 실력이 늘면 자연스럽게 하게 됩니다. 워~ 워~

앞서 언급한 바와 같이,
명사에 무게를 두는 구조라는 것도 잊지 마세요.

She wanted to drive
to a **special place**
in **Washington, D.C.**

그 여자는 워싱턴 D.C.의 특별한 곳으로 차를 몰고 가고 싶어 했어요.

빠른 영어 문장을 듣는 경우,
명사가 나오면 의미 단위가 한 단락 마무리되었다고 생각하세요.

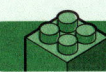

연습을 해봅시다

다음 문장을 본인의 블록 수준에 맞춰 나눠보세요.

CC BY Storeage Box by Dirk-Pieter van Walsum, running shoes by sahua d from the Noun Project

> There were no men's running shoes in my size when I went to get some for track.

육상용 런닝화를 사러 갔을 때
내 사이즈의 남자용 런닝화가 없었어.

실력이 늘면 한 번에 읽는 블록의 양은 더 커집니다.

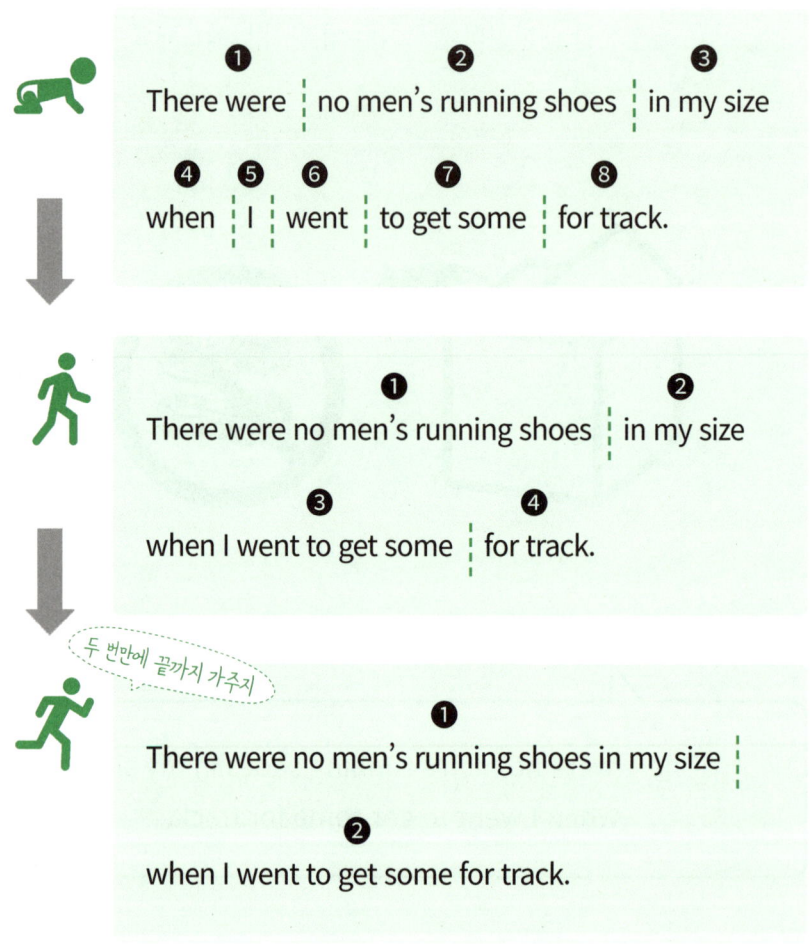

너무 잘게 나누게 되면 오히려 문장을 이해하는 데 방해가 됩니다. 다른 블록과 결합해야 의미가 명확해지는 경우가 많기 때문이죠.

3

🎧 A4-3.mp3

블록의 이동

블록은 이해의 최소 단위이므로 위치가 바뀌어도 이해가 가능합니다.

She wanted to drive to a special place **in Washington, D.C.**

In Washington, D.C., she wanted to drive to a special place.

[전치사+명사]블록이 문장의 앞으로 가면, 콤마를 붙여야 합니다.

[동사+명사]블록이 앞으로 가는 경우 동사의 모양을 바꾸어야 합니다.

She **wanted to drive to a special place** in Washington, D.C.

Wanting to drive to a special place, she asked Tom to help her.

특별한 곳에 차를 몰고 가고 싶어서, 그 여자는 탐에게 도와달라고 부탁했어.

동사의 모양을 바꾸지 않으면 명령문이나 의문문으로
오해를 살 수 있어요.

- 물론 명령문은 동사원형이고, 의문문은 Do, Is 등의 조동사가 와야 하죠.

◆◆◆

하지만, [명사]블록의 위치는 가급적 바꾸지 않아야 합니다.

She wanted to drive to a special place in Washington, D.C.

* Wanted **to drive she** to a special place in Washington, D.C.

to drive she 모양이 되어 [동사+명사]블록으로 오해가 생깁니다.

* Wanted to drive to a special **place she** in Washington, D.C.

place와 she 두 명사가 겹치게 되어
명사로 의미를 완결 짓지 못합니다.

위치를 바꾸면 명사가 겹치고, 다른 블록으로 오해를
받을 수 있기 때문이죠.

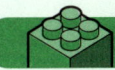

연습을 해봅시다

다음 문장에서 블록의 위치를 바꾸어 보고 안 되는 경우는 왜 안 되는지 떠올려 보세요.

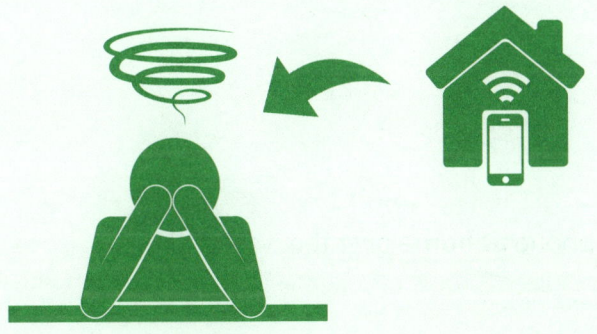

I left my phone at home over the weekend.

주말 동안 전화기를 집에 두고 왔던 거 있지.

첫째, [전치사+명사]블록의 위치를 옮겨 봅시다.

I left my phone at home **over the weekend**.

Over the weekend, I left my phone at home.

또는,

I left my phone **at home** over the weekend.

At home, I left my phone over the weekend.

글을 쓰는 경우에는 옮기고 난 후 '콤마'를 잊지 말고 넣으세요.

두 번째, [동사+명사]블록의 위치를 옮겨 봅시다.

- I **left my phone** at home over the weekend.

- **Left my phone**, I at home over the weekend.

   동사의 과거형이 문장의 앞에 오는 경우는 없습니다.
  모양을 바꾸어야 합니다.

- **Leaving my phone**, I ? at home over the weekend.

   무엇인가 동작이 동시에 일어난다는
  의미로 -ing를 썼는데, 그 다음 문장에
  동사가 없네요.

이런 이런… [동사+명사]블록을 옮기는 것은 의외로 까다롭네요.

마지막으로 [명사]블록의 위치를 옮겨 봅시다.
I는 어디서든 쉽게 인식할 수 있으므로 Doe라는 명사로 바꾼 후
옮기겠습니다.

Doe left my phone at home over the weekend.

- Left my phone **Doe** at home over the weekend.

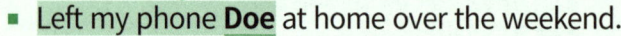 left my phone Doe 내 전화기 이름이 Doe라는 착각을
불러일으키네요.

- Left my phone at home **Doe** over the weekend.

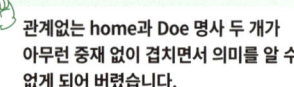 관계없는 home과 Doe 명사 두 개가
아무런 중재 없이 겹치면서 의미를 알 수
없게 되어 버렸습니다.

[명사]블록의 위치는 시(詩)가 아니라면 옮기지 맙시다.

Part 5

활용 중급편
복잡한 문장

1

🎧 A5-1.mp3

복잡한 문장의 종류

지금까지 블록을 이용해 간단한 문장을 이해하는 법을 보았습니다.
이 블록이 간단한 문장에만 적용될까요?
아닙니다. 이 블록은 복잡한 문장에도 일관되게 적용 가능합니다.

복잡한 문장과 대조되는 개념으로 간단한 문장이 있습니다.
이 간단한 문장은 핵심동사가 **하나만** 존재하는 문장입니다.

> 문장의 주된 의미를 맡고 있는 동사를 핵심동사라고 합시다.

마샤와 나는 친구들을 저녁 식사에 **초대했다**.
1개

Marsha and I **invited** friends to dinner.
1개

이는 우리말이나 영어나 똑같습니다.

- 우리말 문법에서는 종결형 서술어라고 합니다. 여기서는 제 맘대로 핵심동사라는 용어를 썼습니다.
- 형용사로 끝나는 경우도 동일하게 핵심동사라고 썼습니다.

복잡한 문장은 이 핵심동사가 **두 개 이상** 존재하는 문장입니다.

■ 예시 1

> I **started** on time, but I **arrived** late.
>   1개   2개
>
> 정시에 **출발했지만**, 늦게 **도착했다**.
>   1개   2개

■ 예시 2

> The people who **called** yesterday **want to buy** the house.
>   1개   2개
>
> 어제 **전화했던** 사람들이 집을 **사고 싶어 한다**.
>   1개   2개

복잡한 문장도 우리말이나 영어나 똑같습니다.
이 장에서는 이 복잡한 문장을 블록으로 이해하는 법을 배울 거예요.

복잡한 문장은 두 개의 종류가 있습니다.

- 실제로는 더 세세히 분류할 수 있지만 편의상 이 책에서는 다음과 같이 나눕니다.

건전지를 연결한 것 같은 문장과

◆◆◆

양파와 같이 한 문장이 다른 한 문장을 안고 있는 문장입니다.

건전지가 연결된 것 같은 문장은 다음과 같습니다.

| I **started** on time, | but I **arrived** late. |
| 정시에 **출발했지만**, | 늦게 **도착했다**. |

두 문장이 접속사를 가운데 두고 건전지처럼 연결되어 있습니다.

양파 모양의 문장은 다음과 같습니다.

The people │ who **called** yesterdy │ **want to buy** the house.

어제 **전화했던** 사람들이 집을 **사고 싶어 한다**.

두 문장이 양파껍질처럼 연결되어 있습니다.

- 한 문장이 다른 문장을 감싸고 있습니다.

건전지 모양이든, 양파 모양이든 두 개 이상의 문장이 연결되면
이해에 어려움이 있습니다.

지금부터, 어떤 어려움이 있는지, 어떻게 해결하는지 알아봅시다.

2

🎧 A5-2.mp3

건전지 모양으로 연결된 경우

건전지 모양으로 연결된 문장이 어려운 이유는 '생략' 때문입니다.

뒤에 연결된 문장이 온전한 문장이 아닌 경우, 없는 나머지를 채워서 생각해야 합니다.

우선, 건전지 모양의 연결에서 가장 쉬운 경우는 다음과 같습니다.

I started on time   I arrived late.

, but

앞 문장의 모양과 비슷한 **문장 전체가** 반복되는 경우입니다.

◆◆◆

하지만 문장의 일부가 생략되고 **단어가** 반복되기도 합니다.

He wore **a red cape**   and   **a Spiderman shirt**.

He wore a Spiderman shirt에서 반복되는 He wore가 생략되었습니다.

이런 예문으로만 and, but을 익히면 다음과 같은 착각을 하기 쉽습니다.

and, but은 바로 앞과 동일한 것을 연결한 것이라고요.

CC BY Tshirt by Deemak Daksina, Spider Man by Alen Krummenacher from the Noun Project

그 남자는 빨강망토와 스파이더맨 셔츠를 입고 있었다.

하지만 바로 앞의 블록이나 단어를 반복하지 않는 경우도 있습니다.

> 약간 어려울 수 있어요.

This structure type defines an interconnection or relationship among objects <u>and characterizes</u> networks everywhere…

CC BY Big Data Analytics with Microsoft HDInsight in 24 Hours, Sams Teach Yourself

이 구조 타입은 개체 간의 상호연결이나 관계를 정의하거나, 어디서든 네트워크에 특징을 부여합니다.

and characterizes는 앞 문장의 어디가 반복된 것일까요?
일단 해석은 무시하고 영문만 보면서 찬찬히 따져 봅시다.

앞에서 본 바에 의하면 바로 앞 objects와 짝을
이루어야 할 것만 같습니다.

**This structure type defines an interconnection or
relationship among <u>objects</u> and <u>**characterizes**</u> networks...**

and, but 바로 앞의 단어가 반복되는 것처럼 보이니까요.

◆◆◆

하지만 characterizes의 -ize가 동사를 만드는 접사라는 것을 안다면
이야기가 달라집니다.

**This structure type defines an interconnection or
relationship among <u>objects</u> and <u>**characterizes**</u> networks...**
X

조금 전 배운 것처럼 비슷한 성격끼리 나열되기 때문에,
'objects-명사'와 'characterizes-동사'는 한 짝이 될 수 없습니다.

만일 characterizes가 동사인지 모른다면
어떻게 한 짝을 찾을 수 있을까요?

This structure type defines an interconnection or relationship among objects and characterizes networks everywhere...

지금부터 각 부분과 붙여보고 따져 봅시다.

우선, 반복의 대상이라고 생각되는 블록에 번호를 붙여 보겠습니다.

①<u>This structure type</u> ②<u>defines</u> an interconnection or relationship ③among <u>objects</u> and characterizes networks everywhere...

건전지 모양으로 연결된 경우

157

①번과 연결이 되어 반복된 거라면…

①**This structure type** and **characterizes** networks
　　　　　＝

everywhere…

This structure type and **characterizes**는 [명사]블록이 되는데요, characterizes가 복수 주어라면 동사 networks에 s가 올 수 없습니다.

- 주어가 되는 명사와 동사 중 하나에만 s가 오는 것을 's 법칙'(p.204)이라고 합니다.
- 만일 둘 중에 모두 s가 왔다면 절대로 '주어+동사' 관계가 될 수 없습니다.

◆◆◆

그 다음 ②번 대신 ③번을 먼저 보겠습니다.

③ among **objects** and **characterizes** networks
　　　　　＝

everywhere…

objects와 characterizes 모두 s로 끝나 있으므로 답처럼 보입니다.

하지만 among characterizes networks로 보기에는 문제점이 있습니다.

③ among objects and **characterizes** **networks** everywhere...

블록의 원리에서 명사 두 개는 그냥 나열될 수 없다고 했죠?

- 명사 두 개가 모여 하나의 복합명사가 되는 경우는 예외입니다.

characterizes가 명사라면, 뒤의 명사 networks와는 그냥 연결될 수 없습니다.

③ among objects and **characterizes** **networks** everywhere...

characterizes와 networks 사이는
with networks, of networks 등과 같이
전치사가 와서 명사와 명사를 구분해야 합니다.

마지막으로 ②번을 보겠습니다.

② **defines** an interconnection or relationship and

characterizes networks everywhere...

defines-, characterizes- 모두 [동사+명사]블록으로
같은 모양이 반복되었습니다.

- 동사 다음에는 networks와 같은 명사의 복수형이 와도 문제 없습니다.

앞으로는 and, but 등으로 뒤가 연결된 경우
무조건 앞 블록과 연결된다는 생각을 버려야 합니다.

This structure type **defines** an interconnection

among **objects** + and **characterizes** networks everywhere...

적어도 바로 앞 두 개 블록 정도는 연결해서 생각해 보아야 해요.

 연습을 해봅시다

아래 제품은 어떤 기능이 있는지 and 앞뒤 짝을 맞추어 가며 읽어보세요.

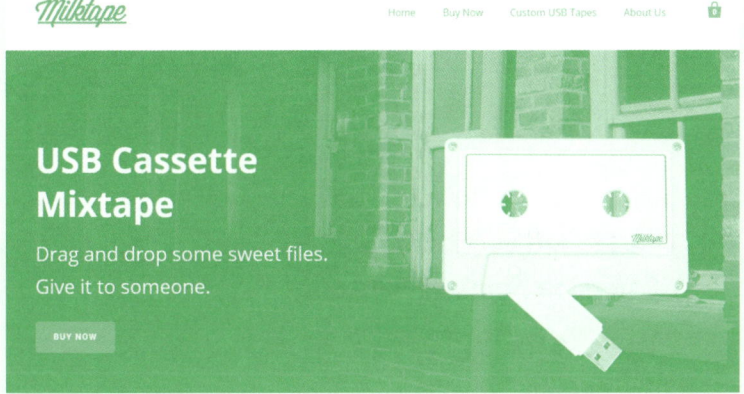

copyright https://milktape.com/

- Drag and drop files from any folder or iTunes
- The 128 MB version holds 15-20 songs, and the 16 GB version holds 3500+ songs
- Write and draw all over the tape and blank cover

- 어떤 폴더나 아이튠즈에 있는 파일들을 드래그해서 담을 수 있다.
- 128 MB 버전은 15-20곡을 담을 수 있고, 16 GB는 3500곡 이상을 담을 수 있다.
- 테이프와 빈 라벨에 글을 쓰거나 그림을 그릴 수 있다.

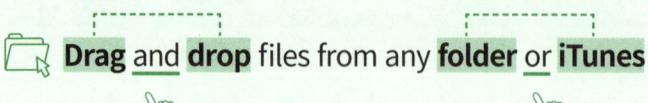

Drag and **drop** files from any **folder** or **iTunes**

drag and drop이 한 짝.

any folder or iTunes가 한 짝.

품사 또한 같아야 합니다. drag and dropping과 같은 짝은 and로 이을 수 없습니다.

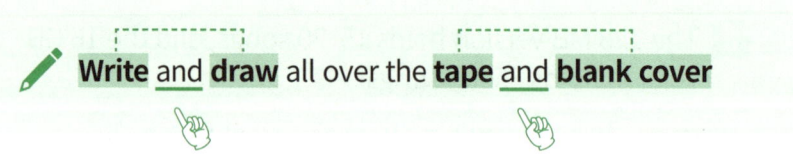

The 128 MB version holds 15-20 songs, and **the 16 GB version holds 3500+ songs**

and 앞뒤로 두 개의 문장 128MB version holds 15-20 songs와 16 GB version holds 3500+ songs가 연결되어 있습니다. 두 개의 문장이 긴 경우라 and 앞에 콤마도 붙어 있네요.

Write and **draw** all over the **tape** and **blank cover**

[동사+명사]블록의 동사가 한 짝이고, [전치사+명사]블록의 명사가 한 짝입니다.

3

A5-3.mp3

양파 모양으로 두 문장이 연결된 경우

양파 모양으로 두 문장이 연결된 경우
여러분이 어려워하는 것은 단 하나입니다.

The people who **called** yesterdy **want to buy** the house.
어제 **전화했던** 사람들이 집을 **사고 싶어 한다**.

두 문장이 떨어져 있지 않고 섞여 있어 복잡하다는 것이죠.

지금부터 영어에서 복잡한 문장이 만들어지는 원리를 먼저 확인해 보겠습니다. 그 원리는 바로 블록에서 시작합니다.

여기 각 블록을 하나씩 쓴 문장이 있습니다.

여기에서 각 블록 안의 명사만 콕 꼬집어 추가 설명을 하고 싶을 땐, 어떻게 하면 될까요?

영어에서는 바로 그 명사 뒤에 명사를 묘사하는 문장을 덧붙이기만 하면 됩니다.

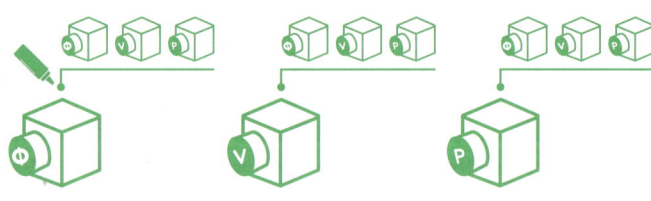

이것이 바로 양파형 복잡한 문장의 실체입니다.

예문을 하나 볼까요? 매우 간단한 문장이 하나 있습니다.

Anyone can do all kinds of things.
누구든지 모든 종류의 일을 할 수 있습니다.

만일 여기에서 anyone에 대해 추가 설명을 하고 싶다면 어떻게 하면 될까요?

◆◆◆

바로 anyone 다음에 추가 설명을 하고 싶은 문장을 덧붙이기만 하면 됩니다.

Anyone who has this chip can do all kinds of things.
이 칩을 가진 사람은 누구든 모든 종류의 일을 할 수 있습니다.

who has this chip은 anyone에 대해 추가 설명을 하고 있습니다.

- who는 anyone을 반복해서 쓰지 않기 위해 대신한 대명사입니다.

예문을 하나 더 볼까요?

다른 블록의 명사에 대해 추가 설명을 하는 경우입니다.

Good news for people who live in polluted cities.

오염된 도시에 살고 있는 사람들을 위한 좋은 뉴스가 있습니다.

who live in polluted cites는 people에 대해 추가 설명을 하고 있습니다.

- who는 people을 반복해서 쓰지 않기 위해 대신한 대명사입니다.
- 관계대명사의 간략한 정의는 '접속사의 성질을 지닌 대명사'입니다.

◆◆◆

관계사가 들어간 작은 문장이 [명사]블록 바로 다음에 오는 경우 문제점이 하나 발생합니다.

Anyone who has this chip can do all kinds of things. X
　　　　　　　　　　주어?　동사?

chip can do all kinds of things와 같이 해석을 하기 쉽다는 점입니다.

'주어와 핵심동사'가 다른 작은 문장에 의해 멀리 떨어지는 경우죠.

Anyone who has this chip **can do** all kinds of things.

이런 부분이 나오면 주어를 찾으러 다시 읽거나 하곤 하는데요.

◆◆◆

이때 문장을 다시 읽지 않고 주어를 바로 파악하는 법은…

Anyone who has this chip can do all kinds of things.
- can do를 읽는 순간 그때까지 읽은 부분을 몽땅 주어로 생각합시다!

지금까지 읽은 부분을 모두 주어라고 생각하는 것입니다.
그렇게 읽으면 두 번 읽거나 앞으로 돌아가는 일이 없어집니다.

참고로, 아래 문장에서 this chip, people이 얼핏 주어처럼 보이지만,
주어가 될 수 없는 이유를 블록으로 설명 드리겠습니다.
이미 이전에 한 번 다뤘던 내용이죠?

Anyone who has this chip can do all kinds of things.
Good news for people who live in polluted cities.

주어는 [명사]블록만이 가능하다고 했는데요.
chip, people이 [명사]블록이 될 수 있나요?

––––––––––––––– ◆◆◆ –––––––––––––––

this chip, people 앞에 각각 동사 has와 전치사 for가 있습니다.

Anyone who <u>has</u> this chip can do all kinds of things.

Good news <u>for</u> people who live in polluted cities.

[명사]블록 자체에 '~는'이라는 조사가 붙어 있는데,
has, for와 같은 신호가 이중으로 붙어서는 주어가 될 수 없죠.

• '새처럼는'과 같이 보인다는 말이죠. 블록으로 묶어서 이해하면 이런 일은 일어나지 않습니다.

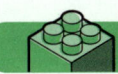 **연습을 해봅시다 ①**

지금 배운 복잡한 문장을 만드는 원리를 이용해
다음 광고를 읽어봅시다.

출처 https://www.thetileapp.com/en-us/how-it-works

Find the Tile that fits you.
Super-thin and easy to attach, we have a Tile for everything.

자신에게 맞는 타일을 찾으세요.
아주 얇고 부착하기 쉬운, 어디에든 적합한 타일을 구비하고 있습니다.

Find the Tile **that fits you**.

- that fits you라는 문장이 the Tile에 대해 자세한 설명을 해주고 있습니다.

이렇게 간단한 문장에서도 that이 사용된 긴 문장의 원리가 사용됩니다.

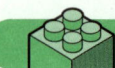 **연습을 해봅시다 ②**

이 타일의 용도는 아래와 같습니다. 한번 읽어볼까요?

출처 https://www.thetileapp.com/en-us/how-it-works

> Clip it to keys. Stash in a bag. The sky's the limit.
> With Tile Mate, if you can attach it, you can track it.

열쇠에 끼울 수 있습니다. 가방 속에 넣어둘 수 있습니다. 용도가 무한대이죠.
부착 가능한 곳에 타일 메이트를 쓰면 어디든 추적이 가능합니다.

Clip it to keys. <u>Stash</u> in a bag. <u>The sky's the limit.</u>

'안전한 곳에 둔다'는 의미

하늘이 한계 = (사용에) 한계가 없다는 의미입니다.

With Tile Mate, if you can attach it, you can track it.

 [전치사+명사]블록이 문장의 맨 처음에 나오는 경우에는 콤마를 붙여야 합니다.

Part 6

활용 고급편
주의할 문장

1

🎧 A6-1.mp3

that이 있는 문장

that, as는 여러 가지 역할을 합니다.
문장에서 형용사, 대명사, 접속사, 전치사로 쓰이죠. 이렇게 많은 쓰임을
가지다 보니 한 용법만 알고 있으면 당황하기 쉽습니다.
지금부터 각 용법과 공통적으로 대응할 수 있는 방법을 알아보겠습니다.

that, as는 문장에서 다양한 경우로 쓰입니다.

'다양한 경우'란 that, as 뒤에 나오는 단어의 종류가 다양하다는 말입니다. 먼저 이번 장에서는 that의 용법에 대해 확인해 보겠습니다.

◆◆◆

첫 번째는 that이 지시**형용사, 대명사**로 쓰인 경우입니다.

- 용어에 쫄지 마세요. 그냥 형용사, 대명사입니다.

That test was hard. **That** was hard.
그 테스트는 어려웠어요. 그것은 어려웠죠.

That test의 That은 test를 꾸미는 형용사, That was hard의 That은 대명사입니다. '**그** 테스트', '**그것**은'이라는 의미를 각각 지니고 있습니다.

두 번째는 that이 **접속사**로 쓰인 경우입니다.

that { He asked **that** the test be stopped.
그 남자는 테스트가 중지되어야 하는지를 물었어요.

that은 He asked와 the test be stopped를
연결해주는 접속사입니다.

◆◆◆

세 번째는 that이 관계**대명사**로 쓰인 경우입니다.

- 용어에 쫄지 마세요. 그냥 '접속사+대명사'입니다.

that { The test **that** changed the world.
세상을 바꾼 테스트.

that changed the world라는 문장이 The test 뒤에서
자세한 설명을 하고 있습니다.

이렇게 용법이 많다 보니,
문장을 읽을 때 that 다음에 오는 말의 패턴이 일정하지 않습니다.

that
- **That** test was hard. **That** was hard.
- He asked **that** the test be stopped.
- The test **that** changed the world.

특히, 접속사와 관계대명사로 쓰였을 때가 다릅니다.

that이 접속사든, 관계대명사든 신경 쓰지 않고
편하게 읽어나가는 법은 없을까요?
당연히 있습니다.
that을 의식하지 않고 문장을 다시 읽지 않아도 되는 방법이.

that 다음에 명사가 오면 그 명사를 주어로 하는 문장으로 읽으면 되고,

- that test와 같이 지시형용사로 쓰인 경우는 제외하겠습니다.
  지시형용사의 경우는 헷갈리지 않으니까요.

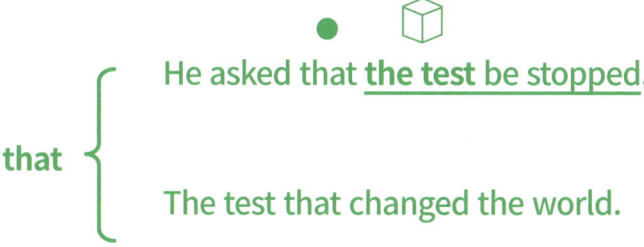

that { He asked that **the test** be stopped.

The test that changed the world.

◆◆◆

that 다음에 동사가 오면 that을 주어로 하는 문장으로 읽으면 됩니다.

that { He asked that the test be stopped.

The test **that** changed the world.

또한 He asked that에서 that을 [동사+명사]블록의 명사로
볼 수도 있습니다.

- 이 표현 방식은 양파형 복잡한 문장을 만드는 방식과도 일치합니다. that을 '그것'이라는 대명사로 보세요.

그렇게 문장을 읽거나 들으면 명사로 의미가 완결되는 느낌을 좀 더
쉽게 가질 수 있습니다.

- 이 개념은 뒤의 what, who 등에서도 다룹니다. 잘 기억해 두세요.

연습을 해봅시다 ①

다음 문장에 나오는 that을 잘 처리해 어떤 의미인지 파악해 보세요.

I just realized **that** my soy sauce bottle **that**'s been in the cupboard for a few days says 'refrigerate after opening.'

난 며칠째 찬장에 넣어둔 간장 통에 '개봉 후 냉장 보관'이라고 적혀 있다는 걸 방금 깨달았다.

that 다음에 my soy sauce bottle이 왔으므로 my soy sauce bottle을 주어로 하는 새로운 문장으로 읽으면 됩니다.

- I just realized **that my soy sauce bottle**

  realized that을 [동사+명사]블록으로 읽어도 문장을 이해하는 데 아무런 지장이 없습니다. 이 경우 my soy sauce bottle은 that을 자세히 설명해주는 양파형 문장이 됩니다.

  that 다음에 has been이 왔으므로 that을 주어로 하는 문장으로 읽으면 됩니다.

- **that's been** in the cupboard for a few days says 'refrigerate after opening.'

  days says에서 says의 주어는 days가 아닙니다. for가 이미 days 앞에 와 있으므로 [명사]블록이 될 수 없어요.

◆◆◆

그럼 says의 주어는 뭘까요? 한번 찾아보세요.

앞서 이미 배운 거예요.

- I just realized that my soy sauce bottle that's been in the cupboard for a few days **says** 'refrigerate after opening.'

⬇ 주어는?

- I just realized that <u>my soy sauce bottle that's been in the cupboard for a few days</u> **says** 'refrigerate after opening.'

  관계사가 나오는 문장의 주어는 본동사 앞까지 읽은 모든 부분입니다. 찾으러 다시 읽지 마세요. '양파 모양으로 두 문장이 연결된 경우'를 참조하세요.

 **연습을 해봅시다 ②**

that의 다양한 패턴은 자주 보게 되는 만큼, 한 번 더 연습해 봅시다.

CC BY angry by Adrien Coquet from the Noun Project

When I'm just having a chat,
I find so many petty things **that** people do **that** get on my nerves.

이야기를 나누고 있자니,
난 사람들이 하는 별의별 사소한 행동에 신경이 거슬리는 것을 느낀다.

> **that 다음에 명사 people이 왔으므로 people을 주어로 하는 문장으로 읽으면 됩니다.**

- I find so many petty things **that** people do that get on my nerves.

'사람들이 행하는 사소한 것들,' 즉 '사람들이 하는 사소한 행동들'이란 의미입니다. that people do는 petty things에 대해 추가 설명을 하는 문장이죠.

> **that 다음에 명사 get이 왔으므로 that을 주어로 하는 문장으로 읽으면 됩니다.**

- I find so many petty things that people do **that** get on my nerves.

특이하게도 that 바로 앞에 명사 없이 do가 왔습니다만, 첫 번째 that과 마찬가지로 역시 petty things에 대해 추가 설명을 하는 문장입니다. '내 신경을 거슬리게 하는 사소한 행동들'이란 의미이죠.

두 개의 that으로 시작하는 문장이 petty things에 대해 자세히 설명하고 있습니다.

2

🎧 A6-2.mp3

as가 있는 문장

as 또한 쓰임이 다양한 단어입니다.
각 경우를 미리 한번 훑어두면 나중에 당황할 일이 없겠죠?

as ┤
- You're not **as** tall as I am. → 뒤에 tall이라는 형용사를 꾸미는 부사
- He sleeps **as** the rain falls. → 뒤에 새로운 문장이 왔으므로 접속사
- They're (as) big **as** houses. → 뒤에 명사가 왔으므로 전치사

as는 위에서부터 부사, 접속사, 전치사로 쓰였습니다.

각 품사에 따라 의미는 다음과 같습니다.

as {
- You're not **as** tall as I am. — 부사: 그 정도로
  넌 나만큼 (그 정도로) 키가 크진 않아.
- He sleeps **as** the rain falls. — 접속사: ~할 때
  걔는 비가 오면[올 때] 잠을 자.
- They're (as) big **as** houses. — 전치사: ~처럼
  그것들은 집채만 하다.
}

as의 의미는 품사에 따라 다양하지만 크게
이와 같이 구분해두면 됩니다.

◆◆◆

이 중 두 번째와 세 번째 문장은 읽을 때 조심할 필요가 있어요.

as {
- He sleeps **as** the rain falls.
- They're (as) big **as** houses.
}

as 다음에 같은 명사가 나오는데도 문장이 되는 경우와

- as가 접속사로 쓰인 경우입니다.

as { He sleeps **as** the rain falls.

They're (as) big **as** houses.

◆◆◆

as 다음에 명사 자체로 문장이 끝나는 경우가 있으니까요.

- as가 전치사로 쓰인 경우입니다.

as { He sleeps **as** the rain falls.

They're (as) big **as** houses.

as 다음에 명사가 나올 때 [전치사+명사]블록으로
무조건 생각하면 안 됩니다.
as 다음의 명사가 그 다음 문장의 주어가 아닌지 좀 더 읽어봐야 합니다.

He sleeps **as** the rain falls.

as the rain만 보고서
생각의 흐름을 멈추면 X

He sleeps **as** the rain falls.

as는 명사가 나와도
좀 더 기다려야 합니다.

 **연습을 해봅시다 ①**

as가 문장에서 어떻게 쓰이는지 유의하면서 문장을 읽어봅시다.

CC BY Sunscreen by Luis Prado from the Noun Project

The risk of skin cancer increases **as** people get older,
as they have been exposed to the sun
for a longer period of time.

사람들은 나이가 들어갈수록
햇볕에 노출되는 기간도 길어지기 때문에
피부암의 발병 위험이 증가한다.

두 개의 as가 문장에서 어떻게 쓰이고 있는지 파악했나요?
그럼 같이 한번 들여다 보도록 합시다.

as people만 읽으면 안 됩니다. get older까지 읽고 판단해야 합니다.

- The risk of skin cancer increases **as people get older**,

as 다음에 명사 people과 get older가 왔으므로 접속사 역할을 하고 있습니다.
이때 접속사 as의 의미는 '~함에 따라, ~할수록'이란 의미예요.
만일 people까지만 읽고 전치사로 생각하면 주된 의미인 '~처럼, ~만큼'으로
잘못 해석하게 되겠죠.

as 다음에 they가 왔으므로 접속사로 바로 판단할 수 있어야 합니다.

- **as they** have been exposed to the sun for a longer period of time.

여기서 they는 앞서 나온 people을 받는 대명사이죠. 따라서 이 as가 포함된 문장은
'(나이가 들어가는) 사람들은 더 오랜 기간 햇볕에 계속 노출되는 것이기 때문에'란
의미가 됩니다. 여기서 접속사 as는 '~때문에'라는 의미로 쓰이고 있죠.

공교롭게도 이 문장에서는 as 다음에 모두 문장이 왔습니다.
접속사 as에는 '~할 때'란 의미뿐 아니라,
'~함에 따라, ~할수록', '~때문에'란 의미도 있네요.

연습을 해봅시다 ②

as가 들어간 다른 용도의 문장을 하나 더 보겠습니다.
as가 문장에서 어떻게 쓰이는지 유의하면서 문장을 읽어봅시다.

얼굴이 궁금해?

That's about **as** useful **as** tits on a bull.

황소의 젖꼭지만큼이나 필요 없다.

간단하지만 의외로 여러분들이 어렵게 생각하는 문장입니다.
더구나 as의 품사를 물어보면 십중팔구 제대로 대답하지 못하죠.
품사는 아래와 같습니다. 모두 다르죠.

뒤에 명사(tits)만 보이고 동사는 없으므로 전치사입니다.

That's about <u>as</u> useful <u>as</u> tits on a bull.

형용사 useful을 꾸며주는 부사입니다.

문장을 읽고 나도 의외로 의미 파악이 어려울 수 있을 거예요.
'그것은 황소의 젖꼭지만큼(as tits on a bull) 대략(about) 그 정도로(as)
유용하다'는 건데, 황소는 수컷이기에 젖꼭지가 사실 무용지물이죠.
결국 '황소의 젖꼭지만큼이나 필요 없다[쓸모 없다]'는
의미로 하는 말이랍니다.
이와 비슷한 맥락으로 chocolate teapot(초콜릿으로 만든 주전자)이란
표현도 있죠.

3

🎧 A6-3.mp3

what으로 연결된 문장

 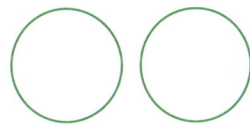

what, who, when, where, how, why

위의 단어들은 의문문에만 쓰이는 것이 아니라
일반 문장에도 쓰이는데요.
이때 문법적으로 틀리게 사용하는 경우가 많습니다.
이번 기회에 잘 정리해두면 절대로 틀리지 않을 거예요.

먼저 what이 들어간 문장부터 알아보겠습니다.

what { **What**'s the problem? ← 의문문
       I know what you want. ← what이 있지만 평서문

what은 의문문에만 쓰이는 것이 아니라 평서문에도 쓰이는데요.
그 평서문에서도 쓰임이 다른 경우와 달리 특이합니다.

- 문법책에서 흔히 이야기하는 관계부사 등의 복잡한 용어를 쓰지 않고 이해해 봅시다.

what이 의문문으로 쓰인 경우는 크게 문제없습니다.
what이 문장 앞에 오기도 하고, 뒤에 ?(물음표)도 오니까요.

What's the problem?
문제가 뭐야?

문제는 일반 문장에 나오는 what입니다.

뭐… 문제까지는 아닙니다만서도…

평서문에 쓰이는 what은 조금 특별한 성질이 있습니다.
의미도 '~하는 것'이라는 추상적 의미로 쓰이고

I know **what** you want.

난 네가 원하는 것을 알아.

두 문장의 교집합으로서 각 블록의 명사 역할을 합니다.

- know what은 [동사+명사]블록, want what도 [동사+명사]블록입니다.

이는 복잡한 문장을 만드는 법에서 앞뒤 명사를 따로 **다** 표시하는 것과 다릅니다.

- 관계대명사를 써서라도 반드시 별도 표시를 했습니다.

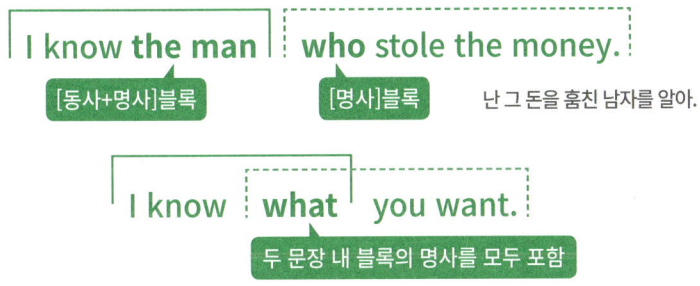

I know **the man** | **who** stole the money.
[동사+명사]블록 [명사]블록   난 그 돈을 훔친 남자를 알아.

I know **what** you want.
두 문장 내 블록의 명사를 모두 포함

문장을 읽고 듣는 데는 아무 문제 없지만, 문장을 쓸 때 헷갈릴 수 있어요.

- 두 문장 모두 접속사의 기능은 자동으로 내장되어 있습니다.

참고로, what이 관형어로 명사를 꾸미는 경우도 있습니다.

what
- I know **what** you want.
  대명사로 쓰임
- I know **what color** you want.
  '어떤'이란 의미로 color를 꾸밈

  난 네가 어떤 색깔을 원하는지 알아.

관형어다 뭐다 하는 문법용어는 개의치 말고
그냥 what이 다양한 품사로 쓰일 수 있다는 정도로만
생각해도 좋습니다.

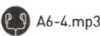

who, when, where 등으로 연결된 문장

what, who, when, where, how, why

위의 단어들 중 성격이 좀 남다른 what만 콕 집어 먼저 살펴봤습니다. 지금부터는 나머지 who, when, where 등에 대해 알아보도록 합시다.

who, when, where, how, why도 what과 같이 겹치는 사용이 있을까요?

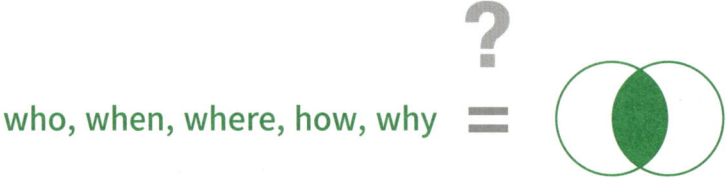

네, who, when, where, how, why도 what과 같이 겹치는 부분이 있기도 하고, what과는 달리 겹치지 않고 쓰이기도 합니다.

who의 경우 두 유형의 문장이 **다 가능합니다.**

- 의문문 형식은 당연하고 쉬우므로 생략합니다.

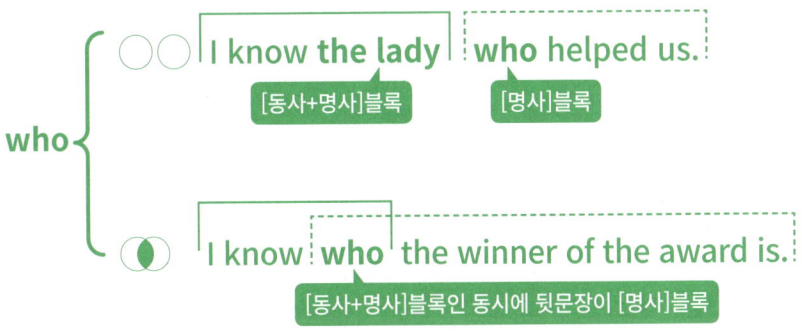

난 우리를 도와준 여자를 알고 있어.
난 수상자가 누구인지 알아.

양파형 문장과, what 형식처럼 두 문장의 교집합을 가지는 경우입니다.
접속사의 기능은 역시 내장되어 있죠?

두 문장의 차이를 어떻게 파악하고 자유자재로 쓸 수 있을까요?

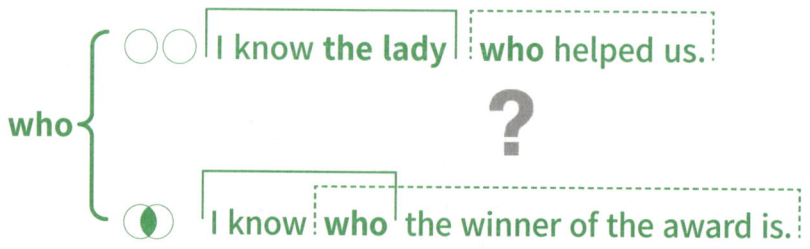

해결책입니다. 어느 경우든 who가 뒷문장의 일부인 것은 같고,
앞 문장 블록의 일부냐 아니냐의 차이만 있습니다.

- what은 모든 문장의 일부에 포함되었죠?

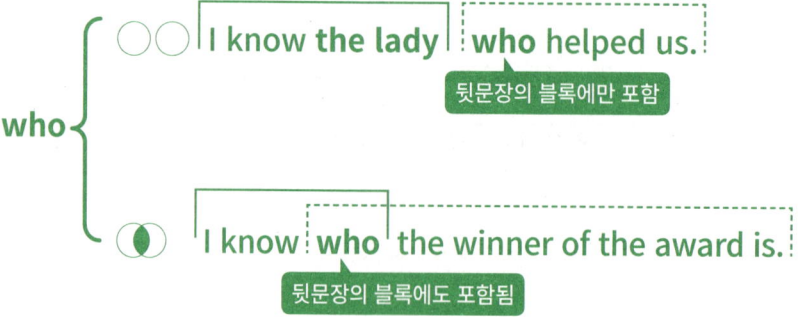

앞 문장의 [동사+명사]블록의 명사에 일반 명사가 와도 되고
오지 않아도 됩니다. 뒷문장에는 who를 마음대로 쓰세요.

- what은 앞문장의 블록에도 반드시 넣어야 합니다.

참고로 who는 **관형어**로 쓰이는 경우 whose로 모양이 바뀝니다.
what과 비교해서 보세요.

■ 관형어 what

I know **what color** you want.

'어떤'이란 의미로 color를 꾸밈

난 네가 어떤 색깔을 원하는지 알아.

■ 관형어 whose

I know **whose idea** it was.

'누구의'란 의미로 idea를 꾸밈

난 그게 누구의 아이디어였는지 알아.

나머지 when, where 등도 who와 같이 두 가지 쓰임이 있습니다만 겹쳐서 사용되는 경우 what, who와는 약간 차이가 있습니다.

- when/where ...

I know **where** they are.
난 그 사람들이 어디 있는지 알아.

- who

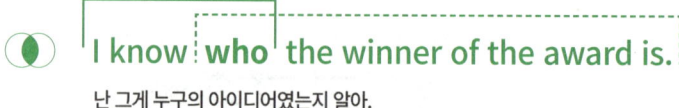
I know **who** the winner of the award is.
난 그게 누구의 아이디어였는지 알아.

where도 what, who처럼 겹치지만, 자세히 보면 뭔가 좀 다릅니다. where가 I know의 목적어가 되긴 하지만 **뒷문장의 부사어**입니다.

- when/where ...

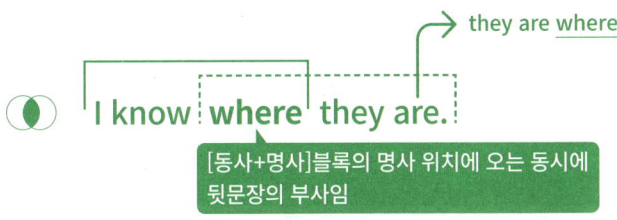

- who

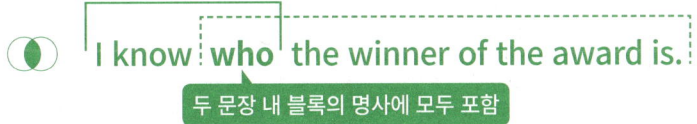

- where를 접속사로 보기도 합니다. 그러면 know의 목적어가 애매해집니다.
- 어떤 책에서는 know 뒤 전체를 명사절이라고 부르면서 목적어로 잡습니다만 명사절은 이 책에서 채택하지 않는 개념입니다.

 **연습을 해봅시다**

다음 문장에서는 지금까지 배운 어떤 패턴의 where가 있는지 말해보세요.

People often find hair growing in places **where** it didn't before.

사람들은 종종 이전에는 나지 않았던 곳들에 털이 나는 것을 발견한다.

어떤 패턴의 where인지 금세 말할 수 있었나요?
그럼 이제 함께 살펴보도록 합시다.

it didn't grow where

- People often find hair growing in **places** **where** it didn't before.

  where가 앞 문장 내의 블록에 포함되지 않습니다. (*in places where)
  where는 두 문장을 이어주는 접속사의 역할을 하는 동시에
  it didn't before where와 같이 뒷문장의 부사 역할을 동시에 합니다.

in places

- People often find hair growing **where** it didn't before.

  where 앞이 in places와 같은 일반적인 장소를 나타낼 때는 생략해도 됩니다.

Plus Info

주어와 동사를
쉽게 찾게 하는 S법칙

주어와 동사가 모르는 단어로 구성되어 있거나 헷갈리는 경우
S법칙을 이용해 쉽게 주어와 동사를 구분할 수 있습니다.

Koreans report ease in cloning for stem cells.

위의 문장에서 주어와 동사가 무엇인지 쉽게 골라낼 수 있나요?

동사의 시제가 미래나 과거인 경우 동사를 쉽게 찾을 수 있어요.

Koreans **will report** ease in cloning for stem cells.

Koreans **reported** ease in cloning for stem cells.

동사의 모양이 일정하게 정해져 있으니까요.

◆◆◆

하지만, 현재 시제인 경우 주어와 동사가 헷갈릴 수 있습니다.

Koreans <u>report</u> ease in cloning for stem cells.

영어의 특성상 주어(명사), 동사 어디에도 쓰일 수 있는
단어가 있기 때문이죠.
위 문장의 report는 명사일까요? 동사일까요?

이때 사용하는 것이 **S법칙**입니다.

Korean report ease in cloning for stem cells.

현재 시제에서는 주어와 동사 중 하나에 무조건 s가 붙어야 합니다.

'현재 시제에서는 주어와 동사 사이에 반드시 s가 하나 붙어야 한다'는 법칙입니다.
두 군데 모두 붙어 있거나, 아예 없다면 잘못된 문장이거나,
하나의 명사로 봐야 합니다.

- I, you는 보자마자 주어라는 것을 알 수 있죠?

◆◆◆

만일 주어인 Korean에 s가 붙었다면 복수이므로 동사에 s가 붙지 않고,

Korean<u>s</u> report ease in cloning for stem cells.

복수명사, 주어

만일 동사인 report에 s가 붙었다면
3인칭 단수 주어에 맞춘 동사 변형입니다.

A Korean reports ease in cloning for stem cells.

단수 동사

둘 중 어느 경우든 한쪽에만 s가 붙을 수밖에 없습니다.

◆◆◆

두 군데 모두 s가 붙어 있거나, 없다면
잘못된 문장이거나, 하나의 명사로 봐야 합니다.

Koreans report ease in cloning for stem cells.
한국인들은 줄기세포에 대한 복제가 쉽다고 보고한다.

A Korean reports ease in cloning for stem cells.
한국인 한 사람이 줄기세포에 대한 복제가 쉽다고 보고한다.

'주어+동사'의 관계가 성립

Koreans reports ease in cloning for stem cells.
A Korean report ease in cloning for stem cells.

문법적으로 잘못된 문장

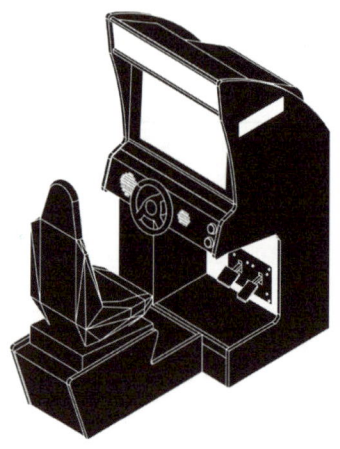

축하합니다!
여러분은 지금까지 영어를 블록으로 이해하는 법을 배웠습니다.
영어 블록 감각만 몸에 잘 체득되면
어떤 영어 문장이든 읽을 수 있고, 만들 수 있어요.
그럼, 지금까지 배운 모든 개념을 한꺼번에 사용해 볼까요?

CC BY Racing simulator by Lluisa Iborra from the Noun Project

Q. 다음은 doiydesign.com이라는 회사의 한 제품입니다. 아이디어 상품을 만드는 곳인데요. 이것은 **도대체 어디에 쓰는 물건일까요?**

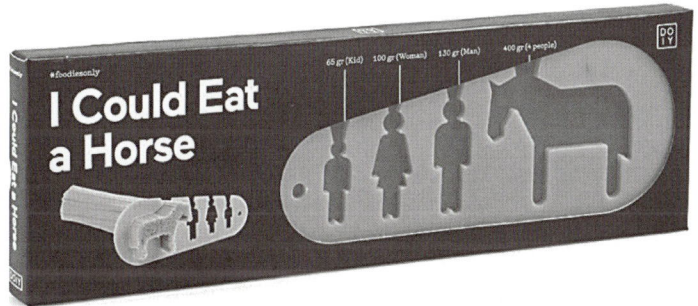

I Could Eat A Horse

Spaghetti measuring tool that helps you to calculate the right quantity of pasta you need for a kid, a woman, a man or a "horse" (4 people), with its cute shaped holes.

출처 https://doiydesign.com/product/i-could-eat-a-horse/

STEP 1 블록 나누기

설명을 읽어보면서 어떤 물건인지 알아봅시다. 우선 블록부터 구분해 볼까요? 세 블록으로 각각 나누어 보세요.

> **I Could Eat A Horse**
> Spaghetti measuring tool that helps you
> to calculate the right quantity of pasta
> you need for a kid, a woman, a man or a "horse" (4 people),
> with its cute shaped holes.

잘 나눠지나요? 이제 함께 해봅시다.

세 블록은 다음과 같이 나눌 수 있습니다.

<u>I</u>   <u>Could Eat A Horse</u>
[명사]블록   [동사+명사]블록

<u>Spaghetti measuring tool</u> <u>that</u> <u>helps you</u>
　　　　[명사]블록　　　　　　[명사]블록　　[동사+명사]블록

<u>to calculate the right quantity</u> <u>of pasta</u>
　　　　[동사+명사]블록　　　　　　　[전치사+명사]블록

<u>you</u> <u>need</u> <u>for a kid, a woman, a man or a "horse"</u>
[명사]블록 [동사+명사]블록　　　　　[전치사+명사]블록

<u>(4 people),</u>

<u>with its cute shaped holes.</u>
　　　[전치사+명사]블록

출처 https://doiydesign.com/product/i-could-eat-a-horse/

STEP 2   -ing 및 과거분사 찾기

-ing 모양과 과거분사를 찾아 문장에서 각각 어떤 역할을 하는지 살펴봅시다.

> **I Could Eat A Horse**
> Spaghetti measuring tool that helps you
> to calculate the right quantity of pasta
> you need for a kid, a woman, a man or a "horse" (4 people),
> with its cute shaped holes.

자, 이제 함께 해봅시다.

-ing 모양 하나랑 과거분사가 하나 보이네요.

I Could Eat A Horse

Spaghetti **measuring** tool that helps you

to calculate the right quantity of pasta

you need for a kid, a woman, a man or a "horse"

(4 people),

with its cute **shaped** holes.

tool을 측정하다가 아니라 '측정'이라는 명사형입니다. '스파게티 측정 도구'라는 의미입니다.

앞에 with 및 its와 같이 꾸미는 말이 있으므로 holes를 꾸미는 관형어입니다.

출처 https://doiydesign.com/product/i-could-eat-a-horse/

STEP 3 양파형 문장 찾기

다음 중 양파형 문장을 찾아 속껍질을 한번 찾아보세요.

> **I Could Eat A Horse**
> Spaghetti measuring tool that helps you to calculate the right quantity of pasta you need for a kid, a woman, a man or a "horse" (4 people), with its cute shaped holes.

다음 두 문장 중에 두 번째 문장이 양파형 문장이네요.

속껍질이 두 개나 들어 있습니다.

해석을 어렵게 만드는 요녀석들의 껍질을 한 번 벗겨보죠.

I Could Eat A Horse

that 다음에 helps라는 동사가 왔으므로 that을 주어로 하는 새로운 문장으로 읽으면 됩니다.

Spaghetti measuring tool **that helps you**

to calculate the right quantity of pasta

you need for a kid, a woman, a man or a "horse" (4 people),

바로 앞 pasta에 대해 자세한 설명을 하기 위한 새로운 문장이 들어왔습니다.
you need pasta에서 pasta가 앞으로 나간 꼴입니다.

with its cute shaped holes.

출처 https://doiydesign.com/product/i-could-eat-a-horse/

이제 정답을 공개합니다.
이것은 어디에 쓰는 물건인고 하니,
스파게티 면의 양을 잴 수 있는 도구로군요. 구멍을 채운 만큼 양을 조절할 수 있는 편리한 주방 기구입니다. 아래 사진에서 보는 것처럼 스파게티 면이 말 모양의 구멍에 다 들어갈 정도면 400g으로 네 명이 먹을 수 있는 양이라고 하네요.

I Could Eat A Horse
Spaghetti measuring tool that helps you to calculate the right quantity of pasta you need for a kid, a woman, a man or a "horse" (4 people), with its cute shaped holes.

말이라도 먹겠네
스파게티 양을 측정하는 기구로, 아이, 여성, 남성, '말'(4인용)에 알맞은 파스타 양을 계산하는 데에 도움을 줍니다, 귀엽게 생긴 구멍으로요.

출처 https://doiydesign.com/product/i-could-eat-a-horse/

 A7-3.mp3

Q. 역시 같은 회사인 doiydesign.com의 상품입니다. 픽시 자전거 모형인데요, 이것이 식탁에 올라가면 생각지도 못했던 용도로 쓰인다고 합니다. **무슨 용도로 쓰이는 것인지** 다음 글을 읽고 파악해 보세요.

The Fixie

Unique pizza cutter shaped as a fancy fixie bike. Its double cutting wheels system makes it greatly easy to slice your pizza. It includes a stand to convert this quirk objet in a decorative piece in your kitchen.

https://doiydesign.com/product/the-fixie-white-marble/

STEP 1 블록 나누기

설명을 읽어보면서 어떤 물건인지 알아봅시다. 우선 블록부터 구분해 볼까요?

Unique pizza cutter shaped as a fancy fixie bike.
Its double cutting wheels system makes it
greatly easy to slice your pizza.
It includes a stand to convert this quirk objet
in a decorative piece in your kitchen.

다 나눠봤나요? 그럼, 함께 해보도록 합시다.

Unique pizza cutter shaped as a fancy fixie bike.
   [명사]블록   [동사+명사]블록   [전치사+명사]블록

Its double cutting wheels system makes it greatly easy
           [명사]블록   [동사+명사]블록

to slice your pizza.
   [동사+명사]블록

It includes a stand to convert this quirk objet
[명사]블록 [동사+명사]블록   [동사+명사]블록

in a decorative piece in your kitchen.
   [전치사+명사]블록   [전치사+명사]블록

출처 https://doiydesign.com/product/the-fixie-white-marble/

STEP 2   -ing 및 과거분사 찾기

문장을 잘못 해석하게 만들 수 있는 -ing형과 과거분사를 한번 살펴봅시다.
어떤 의미, 어떤 용도로 쓰이는지 파악해 보세요.

Unique pizza cutter shaped as a fancy fixie bike.
Its double cutting wheels system makes it
greatly easy to slice your pizza.
It includes a stand to convert this quirk objet
in a decorative piece in your kitchen.

자, 이제 함께 해봅시다.

과거분사 하나랑 -ing 모양이 하나 보이네요.

shaped 다음에 목적어가 없고, [전치사+명사]블록이
바로 뒤에 나오므로 90%의 확률로 과거분사입니다.
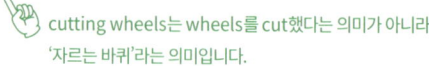 바로 앞의 Unique pizza cutter를 꾸며주죠.

Unique pizza cutter shaped as a fancy fixie bike.

Its double cutting wheels system makes it greatly

👉 cutting wheels는 wheels를 cut했다는 의미가 아니라
'자르는 바퀴'라는 의미입니다.

easy to slice your pizza. It includes a stand to

convert this quirk objet in a decorative piece

in your kitchen.

출처 https://doiydesign.com/product/the-fixie-white-marble/

STEP 3　as가 들어간 문장 해결하기

as가 들어간 부분이 보이나요? 이 부분을 어떻게 해석해야 할지 생각해 봅시다.
또, 명사가 여러 개 죽 이어진 주어는 어떻게 해석해야 할지도 생각해 보세요.

> Unique pizza cutter shaped as a fancy fixie bike.
> Its double cutting wheels system makes it
> greatly easy to slice your pizza.
> It includes a stand to convert this quirk objet
> in a decorative piece in your kitchen.

자, 이제 함께 해봅시다.

 멋진 1단 기어 자전거**처럼**

Unique pizza cutter shaped **as a fancy fixie bike**.

'**그것의 이중 절단 바퀴**는 그것이 엄청나게 쉽게 피자를 자를 수 있게 만들어준다',
 즉 '절단 바퀴가 두 개 있어서 피자를 자르는 것이 엄청나게 쉽다'는 의미

Its double cutting wheels system makes it greatly

　　이 전체를 하나의 명사처럼 보세요. system이 핵심명사이며,
　　3인칭 단수이므로 make 동사에 s가 붙었습니다.

easy to slice your pizza. It includes a stand to convert this quirk objet in a decorative piece in your kitchen.

출처 https://doiydesign.com/product/the-fixie-white-marble/

정답공개

이제 정답을 공개합니다.

이 픽시(1단 기어) 자전거 모형은 **피자 절단기**입니다

기발하죠?

The Fixie
Unique pizza cutter shaped as a fancy fixie bike. Its double cutting wheels system makes it greatly easy to slice your pizza. It includes a stand to convert this quirk objet in a decorative piece in your kitchen.

1단 기어 자전거
멋진 1단 기어 자전거처럼 생긴 독특한 피자 절단기. 절단 바퀴가 두 개 있어서 피자를 자르는 것이 엄청나게 쉽죠. 거치대가 포함되어 있어서, 이 기묘한 물체를 부엌의 장식품으로 변신시킬 수 있습니다.

출처 https://doiydesign.com/product/the-fixie-white-marble/

Q. 순서대로 나열된 다음 그림 속 상황과 주어진 글을 읽고 **어떤 작업**을 설명하고 있는 것인지 알아보세요.

How to Tie-Dye with Bleach

Tie-dyeing is a fun way to give new life to clothes, but darker colors don't always take dye very well. If you're looking for a way to update your dark clothes, try tie-dyeing with bleach! You'll get a cool white design that stands out well against dark or bright colors.

출처 https://www.wikihow.com/Tie-Dye-with-Bleach

STEP 1 블록 나누기

어떤 작업에 관한 설명인지 읽어봅시다. 우선 블록부터 구분해보죠.

> Tie-dyeing is a fun way to give new life to clothes, but darker colors don't always take dye very well. If you're looking for a way to update your dark clothes, try tie-dyeing with bleach! You'll get a cool white design that stands out well against dark or bright colors.

자, 그럼 블록이 어떻게 나눠지는지 함께 볼까요?

Tie-dyeing **is a fun way** **to give new life** **to clothes,**
[명사]블록   [동사+명사]블록   [동사+명사]블록   [전치사+명사]블록

dye는 take의 목적어이므로 명사가 됩니다. 명사(염료),
동사(염색하다)로 모두 쓰이는 단어이죠.

but darker colors **don't always take** **dye** **very well.**
　　[명사]블록　　　　[동사+명사]블록

여기는 are looking for 전체를 하나의 동사로 보면 됩니다.
If you're looking for a way **to update your dark clothes,**
　　[명사]블록　[동사+명사]블록　　　　　[동사+명사]블록

try tie-dyeing **with bleach!** **You'll** **get a cool white design**
[동사+명사]블록　[전치사+명사]블록　[명사]블록　[동사+명사]블록

that **stands out well** **against dark or bright colors.**
[명사]블록　[동사+명사]블록　　　　[전치사+명사]블록

출처 https://www.wikihow.com/Tie-Dye-with-Bleach

STEP 2   -ing 및 과거분사 찾기

자, 그럼 이제 -ing형과 과거분사를 한번 파악해 보시겠어요?

> Tie-dyeing is a fun way to give new life to clothes, but darker colors don't always take dye very well. If you're looking for a way to update your dark clothes, try tie-dyeing with bleach! You'll get a cool white design that stands out well against dark or bright colors.

함께 해봅시다. 이번 글에서는 과거분사는 보이지 않는군요.

-ing 모양만 몇 개 보입니다.

Tie-dyeing is a fun way to give new life to clothes,

 tie-dye는 '홀치기 염색하다'는 의미의 동사입니다. 동사에 -ing형을 붙여 주어 자리에 썼으므로 명사형입니다.

but darker colors don't always take dye very well.

If you're **looking** for a way to update your dark clothes,

be동사 뒤에 -ing형이 왔으므로 형용사처럼 쓰이는 현재분사입니다.

try **tie-dyeing** with bleach! You'll get a cool white design

여기서는 명사형 tie-dyeing이 try의 목적어 자리에 왔습니다.

that stands out well against dark or bright colors.

출처 https://www.wikihow.com/Tie-Dye-with-Bleach

STEP 3 건전지형과 양파형 문장 찾기

총 3문장이 주어졌는데, 3문장 모두 두 개의 문장이 연결된 형태입니다.
각 문장이 건전지형인지 양파형인지 한번 살펴보세요.

> Tie-dyeing is a fun way to give new life to clothes, but darker colors don't always take dye very well. If you're looking for a way to update your dark clothes, try tie-dyeing with bleach! You'll get a cool white design that stands out well against dark or bright colors.

자, 그럼 함께 건전지형과 양파형 문장의 특징을 찾아볼까요?

Tie-dyeing is a fun way to give new life to clothes, **but** darker colors don't always take dye very well.

 but이 두 개의 문장을 건전지 연결하듯 연결해주고 있습니다.

If you're looking for a way to update your dark clothes, try tie-dyeing with bleach!

If 뒤에 두 개의 문장이 건전지처럼 연결되어 있습니다. If문장과 뒷문장의 순서는 바꿔도 되죠. 단, If문장이 지금처럼 앞에 올 때는 If문장 끝에 쉼표를 찍어 줍니다.

You'll get a cool white design **that** stands out well....

that 다음에 stands라는 동사가 왔으므로 that을 주어로 하는 새로운 문장으로 읽으면 됩니다.

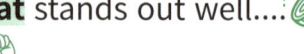

이제 정답을 공개합니다.

그림과 몇 가지 표현에서도 충분히 눈치챘겠죠?

표백제로 홀치기 염색을 하는 작업을 나타낸 글과 그림입니다.

참고로, 홀치기 염색은 천을 실로 묶거나 감아서 염색을 방지한 후 나머지 부분을 염색해 색을 내는 염색 방법입니다.

How to Tie-Dye with Bleach

Tie-dyeing is a fun way to give new life to clothes, but darker colors don't always take dye very well. If you're looking for a way to update your dark clothes, try tie-dyeing with bleach! You'll get a cool white design that stands out well against dark or bright colors.

표백제로 하는 홀치기 염색법

홀치기 염색은 옷에 새로운 생명을 불어넣는 재미있는 염색법이지만, 색깔이 진한 옷은 항상 염색이 잘되는 것은 아닙니다. 진한 색깔의 옷을 새롭게 만들려고 한다면, 표백제로 홀치기 염색을 한번 해보세요. 진한 색깔이나 밝은 색깔을 배경으로 눈에 확 띄는 멋진 흰색 디자인을 얻게 될 것입니다.

출처 https://www.wikihow.com/Tie-Dye-with-Bleach

 A7-5.mp3

연습 4

Q. 다음은 iPhone 8에 대한 설명입니다. 이번에는 **우리말을 영어로** 바꿔 봅시다.

"아이폰 8플러스에 장착된 와이드 앵글 및 망원 렌즈는 광학 줌은 물론, 사진은 10배, 동영상은 최대 6배까지의 디지털 줌을 가능하게 합니다."

출처 https://www.apple.com/kr/iphone-8/

STEP 1 영어단어 떠올리기

영어 문장을 만드는 데 필요한 단어를 마음대로 떠올려 보세요.

"아이폰 8플러스에 장착된 와이드 앵글 및 망원 렌즈는 광학 줌은 물론, 사진은 10배, 동영상은 최대 6배까지의 디지털 줌을 가능하게 합니다."

- ☐ iPhone 8 Plus
- ☐ wide-angle lens
- ☐ telephoto lens
- ☐ optical zoom
- ☐ digital zoom
- ☐ photo
- ☐ video
- ☐ 10x
- ☐ 6x
- ☐ enable
- ☐ and
- ☐ as well as
- ☐ on
- ☐ of
- ☐ up to
- ☐ for

출처 https://www.apple.com/kr/iphone-8/

STEP 2 블록 만들기

자, 이제 **명사는 블록의 뒤편으로,**
동사나 전치사는 블록을 시작하는 앞쪽으로 본 다음, 관련 표현끼리 연결하세요.

❶ 주어 :　　　　와이드 앵글 및 망원 렌즈는
❷ 주어 장식 :　　아이폰 8플러스에 장착된
❸ 동사 :　　　　광학 줌은 물론, 디지털 줌을 가능하게 합니다.
❹ 목적어 장식 :　사진은 10배, 동영상은 최대 6배까지의

'와이드 앵글 및 망원 렌즈'이므로 wide-angle lens와 telephoto lens를 and로 연결시키면서 이중으로 등장하는 앞의 lens를 생략한 것입니다.

❶ Φ　　　●━━● **wide-angle and telephoto lenses**

이런 렌즈들을 대표해서 표현하는 것이므로 lens는 lenses의 복수형으로 고쳐 씁니다.

❷ on　　　●━━● iPhone 8 Plus

❸ enable　●━━● optical zoom, **as well as** digital zoom

'A를 가능하게 한다'고 말한 다음, '물론 B도 그렇다'는 식으로 덧붙이고 싶을 때는 콤마를 찍고 as well as를 쓰면 됩니다.

❹ of up to ●━━● 10x 10x의 x는 times의 약어로 '10배'라는 의미입니다.

'up to + 수치'는 '최대 ~까지'란 의미입니다.

　for　　　●━━● photos

'사진은'은 문맥상 '사진들에 대해서는'이란 의미이므로 전치사 for를 쓰고, photo는 복수형으로 고칩니다.

　of up to ●━━● 6x

　for　　　●━━● videos

출처 https://www.apple.com/kr/iphone-8/

STEP 3 블록 연결하기

이제 만들어 놓은 블록을 알맞게 연결해 봅시다.
연결하는 과정에서는 시제 및 수, 관사 유무를 잘 따져서 보정해 주어야 합니다.

"아이폰 8플러스에 장착된 와이드 앵글 및 망원 렌즈는 광학 줌은 물론, 사진은 10배, 동영상은 최대 6배까지의 디지털 줌을 가능하게 합니다."

❶ Φ — wide-angle and telephoto lenses
❷ on — iPhone 8 Plus
❸ enable — optical zoom, as well as digital zoom
❹ of up to — 10x
   for — photos
   of up to — 6x
   for — videos

출처 https://www.apple.com/kr/iphone-8/

자, 이제 문장을 제대로 완성했는지 확인해 봅시다.

각 블록은 다음과 같은 순서로 차례차례 연결시키면 됩니다.

❶ 주어 :   와이드 앵글 및 망원 렌즈는
❷ 주어 장식 :   아이폰 8플러스에 장착된
❸ 동사 :   광학 줌은 물론, 디지털 줌을 가능하게 합니다.
❹ 목적어 장식 :   사진은 10배, 동영상은 최대 6배까지의

❶ **The** wide-angle and telephoto lenses ❷ on iPhone 8

아이폰 8 플러스에 장착된(❷) 렌즈들로 한정되어 있으므로 앞에 정관사 The를 넣어줍니다.

Plus ❸enable optical zoom, as well as digital zoom ❹of up to 10x for photos **and of up to** 6x for videos.

'사진은 최대 10배까지의'와 '동영상은 최대 6배까지의'를 and로 연결하면서 이중으로 등장하는 뒤의 of up to를 생략합니다.

The wide-angle and telephoto lenses on iPhone 8 Plus enable optical zoom, as well as digital zoom of up to 10x for photos and 6x for videos.

출처 https://www.apple.com/kr/iphone-8/

For Fun!

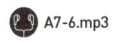

재미 삼아 보세요~!

《블록영어》 대단원의 막을 내리면서,
아쉬운 마음에 보너스 하나 투척합니다~!
영어 문장을 하나 만드는 것은 어찌 보면 로봇을 조립하는 것과
그 원리가 일맥상통한데요. 바로 앞에 나왔던 iPhone 8에 대한 우리말
문장을 가지고, 로봇 조립하듯 영어 문장을 완성해가는 모습,
입체적으로 구경하시겠습니다!
기대하시라~ 기대하시라~

"아이폰 8플러스에 장착된 와이드 앵글 및 망원 렌즈는
광학 줌은 물론, 사진은 10배, 동영상은 최대 6배까지의
디지털 줌을 가능하게 합니다."

출처 https://www.apple.com/kr/iphone-8/

※ 각 그림에 품사의 앞머리가 새겨져 있어요. 한번 찾아보세요.

1 머리 조립 [명사]블록

머리에는 몸통에 연결될 연결부분이 자동으로 만들어져 있습니다.

The wide-angle and telephoto lenses

아이폰 8플러스에 장착된 **와이드 앵글 및 망원 렌즈는**

- N = Noun 명사

2 머리장식 조립 [전치사+명사]블록

머리와 장식을 연결하는 부품입니다.

  = 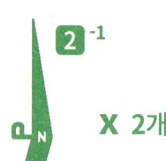 X 2개

on + iPhone 8 Plus   on iPhone 8 Plus

아이폰 8플러스에 장착된 와이드 앵글 및 망원 렌즈는

- P = Preposition 전치사

3 머리와 머리장식 연결 [명사]블록 + [전치사+명사]블록

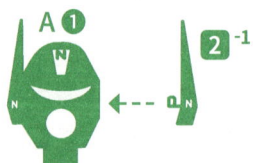

The wide-angle and telephoto lenses + on iPhone 8 Plus

아이폰 8플러스에 장착된 와이드 앵글 및 망원 렌즈는

4 팔과 몸통 준비 [동사+명사]블록

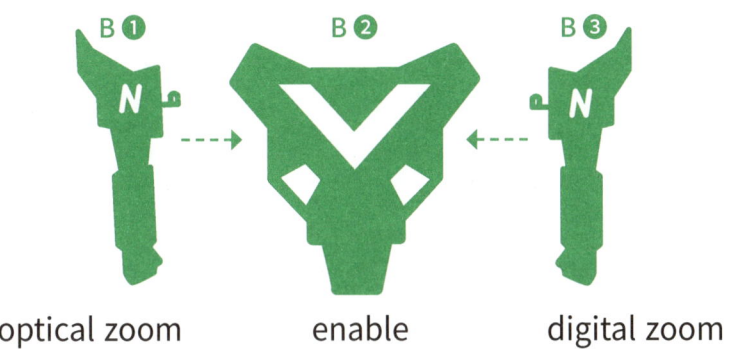

optical zoom   enable   digital zoom

광학 줌은 물론, 사진은 10배, 동영상은 최대 6배까지의 **디지털 줌을 가능하게 합니다**.

• V = Verb 동사

4 팔과 몸통 연결

4-1

enable + optical zoom and digital zoom

광학 줌은 물론, 사진은 10배, 동영상은 최대 6배까지의 **디지털 줌을 가능하게 합니다**.

'물론'을 강조하고 싶다면 and 대신 as well as를 사용하면 됩니다. 마지막 문장에서 바꿔볼게요. 그리고 뒤에서 디지털 줌이 사진과 동영상에 대해 각각 10배, 6배가 되므로 and 앞에 콤마를 둬서 구분할 거예요.

5 다리부품 및 연결부위 조립 [전치사+명사]블록

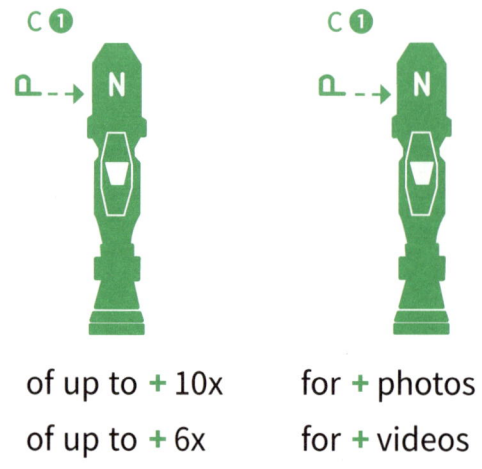

of up to + 10x   for + photos

of up to + 6x   for + videos

광학 줌은 물론, 사진은 10배, 동영상은 최대 6배까지의 디지털 줌을 가능하게 합니다.

5 다리부품 및 연결부위 조합

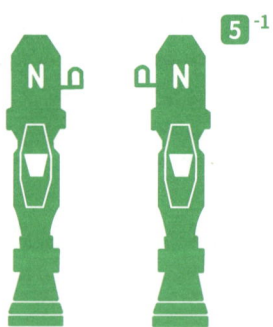

up to 10x for photos and 6x for videos

광학 줌은 물론, **사진은 10배, 동영상은 최대 6배까지의** 디지털 줌을 가능하게 합니다.

6 각 부분의 연결

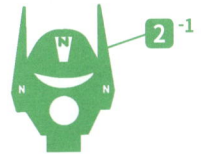

The wide-angle and telephoto lenses on iPhone 8 Plus

enable optical zoom and digital zoom

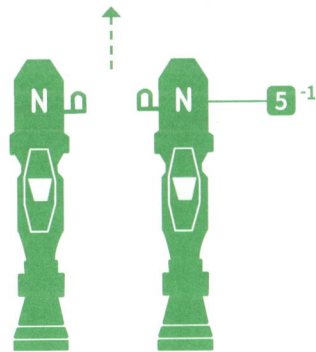

of up to 10x for photos and 6x for videos

6 완성

The wide-angle and telephoto lenses on iPhone 8 Plus
enable optical zoom, as well as digital zoom
of up to 10x for photos and 6x for videos.

아이폰 8플러스에 장착된 와이드 앵글 및 망원 렌즈는
광학 줌은 물론, 사진은 10배, 동영상은 최대 6배까지의 디지털 줌을 가능하게 합니다.

스피킹 매트릭스: 직장인을 위한 영어 말하기

부록
- 해설 강의
- 훈련용 mp3
- 학습자료 pdf

김태윤 지음 | 각 권 11,000원

국내 최초 직장인 영어 스피킹 훈련 프로그램!

한국인의 스피킹 메커니즘에 맞춘 **과학적 3단계 훈련**으로
내 직장생활과 매일 업무를 영어로 1분, 2분, 3분,… 막힘없이 자신 있게!

난이도	첫 걸음 · 초급(1분) · 중급(2분) · 고급(3분)	**기간** 각 권 60일
대상	회사에서 생존 및 자기계발을 위해 영어가 필요한 직장인	**목표** 1분/2분/3분 이상 영어로 내 생각을 자신 있게 말하기

레고보다 간단한
신개념
조립식 영어

② 기초편

블록영어연구회 지음

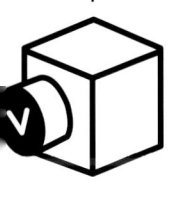

블록영어

길벗
이지:톡

블록영어연구회 지음

기초편 차례

Part 1 단어는 어떻게 문장이 될까?
① 단어가 문장이 되는 과정   7

Part 2 영어와 우리말의 차이는 뭘까?
① 영어와 우리말의 단어 인식 차이   19
② 영어와 우리말의 품사 인식 범위의 차이   26
③ 영어의 품사 체계 다시 이해하기   40

Part 3 변화와 시제, 핵심동사
① 우리말의 다양한 동사 변화, 영어로는 어떻게?   47
② 핵심동사의 위치 및 시제   51
③ 현재 시제의 개념 이해하기   57
④ 현재완료의 개념 이해하기   62
⑤ 미래 시제와 조동사   69
⑥ 가정법의 새로운 기준   75

Part 4 다양한 활용, 비핵심동사
① 비핵심동사의 종류   91
② 같은 모양인데 다른 용도로 사용되는 경우   99
③ -ing의 쓰임 구분   103
④ 과거형과 과거분사형 구분   116
⑤ 명사와 동사의 교환   121

지금부터 나오는 내용은 단어가 어떻게 문장이 되는지,
품사와 문장성분의 용어 등 문법에 대해
좀 더 깊고도 얕게 이게 말이 돼? 다루고 있습니다.
블록만으로도 문장을 말하고 이해하는 데는 아무런 문제가 없으므로
더 읽고 싶지 않은 분들은 멈추셔도 됩니다.

그래도 읽어보겠지?

Part 1

단어는 어떻게
문장이 될까?

단어가 문장이 되는 과정

단어와 문장은 각각 알고 있는데,
그 사이의 과정을 모르는 경우가 많습니다.

▪ 영어든 한글이든 마찬가지죠.

지금부터 한 단어가 어떻게 문장이 되는지 그 과정을 알려 드릴게요.

한 단어가 문장이 되는 과정은 봉에 내용물을 거는 것과 비슷해요.

각각에 이름을 붙여 보겠습니다.

하나는 주사위처럼 딱딱하니까 딱딱이,
하나는 점토처럼 말랑말랑하니까 말랑이라고 할게요.

첫째, 딱딱이는 고리를 꽂아서 봉에 걸면 됩니다.

❖❖❖

둘째, 말랑이는 고리모양으로 구부려서 봉에 걸면 되죠.

이게 끝인 것 같죠? 한 가지 방법이 더 있어요.

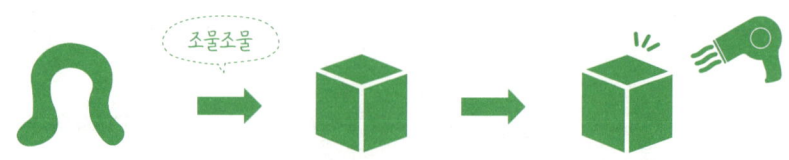

말랑이의 모양을 딱딱이처럼 만들고 드라이어를 쏘아서
딱딱하게 합시다.

◆◆◆

이 딱딱해진 말랑이에 고리를 딱! 꽂으면

딱딱이를 봉에 거는 것처럼 말랑이를 걸 수 있어요.

자, 그럼, 우리말의 경우 각각 어디에 해당하는지 한번 보겠습니다.

명사   형용사/동사   조사

이와 같이 우리말의 경우 이 세 개의 이름을 붙일 수 있습니다.

◆◆◆

딱딱이에 고리를 거는 것은 '명사에 조사를 붙이는 것'과 같죠.

그녀   +   는   =   그녀는   →   그녀는

말랑이를 고리모양으로 구부리는 것을
'동사/형용사의 활용'이라고 합니다.

- 앞으로는 동사/형용사를 동사로 대표해서 이야기하겠습니다. 동사로 이야기하지만 형용사도 가능하다고 생각하세요.

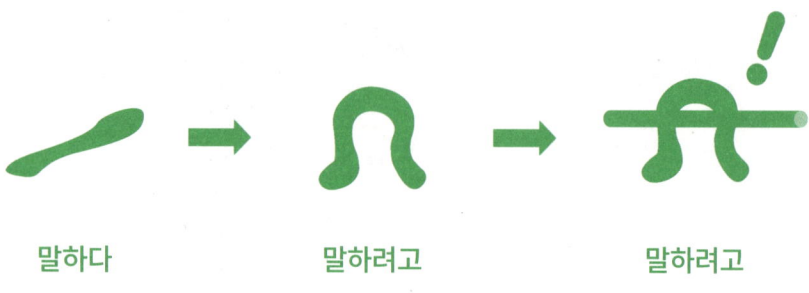

자, 그럼 말랑이를 드라이어로 딱딱하게 굳혀서 고리를 꽂고 봉에 걸면?

동사의 모양을 명사형으로 바꾸어 조사를 붙인 것이 됩니다.

- 명사가 아닌 것이 명사의 모양을 가진 것을 명사형이라고 합니다.

우리말은 이런 식으로 봉(문장)에 원하는 단어를 계속 걸어나갑니다.

그녀는   말하려고   춤추기를

◆◆◆

그럼 영어는 어떨까요?

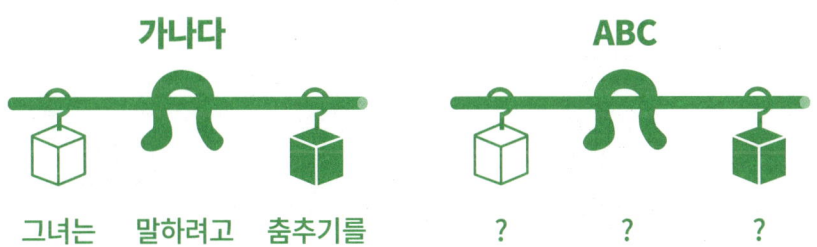

결론부터 말씀 드리면 영어나 우리말이나
봉에 재료를 거는 방법은 똑같아요.

딱딱이에 고리를 거는 것은 명사에 전치사를 붙이는 것과 같죠.

- 전치사를 붙이는 것 말고도 두 가지 방법이 더 있습니다만, 여기에서는 전치사만 다루겠습니다. 자세한 것은 블록편을 참조하세요.

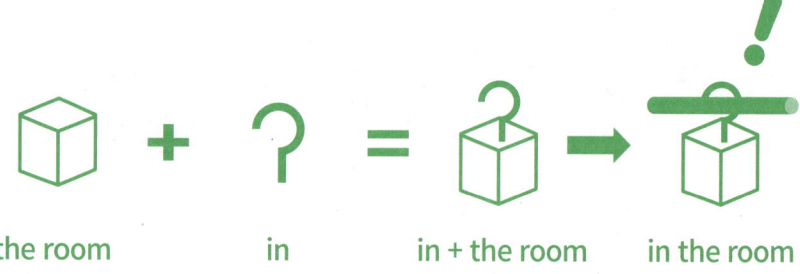

조사가 전치사로 이름만 바뀐 것뿐 딱딱이를 고리에 거는 방법은 같습니다.

동사/형용사의 활용도 영어나 우리말이나 같습니다.

- 영어에서도 동사/형용사를 동사로 대표해서 이야기하겠습니다.

동사의 활용은 다양한 모양이 있지만 대표적으로 to를 사용해 봤어요.

- 이 다양한 모양이란 어떤 것들이 있는지는 뒤에서 알려 드릴게요.

말랑이를 드라이어로 딱딱하게 굳혀서 고리를 건 것
또한 영어에서도 같습니다.

▪ 같은 그림이 자꾸 반복되는 것같이 느껴지는 건 기분 탓입니다.

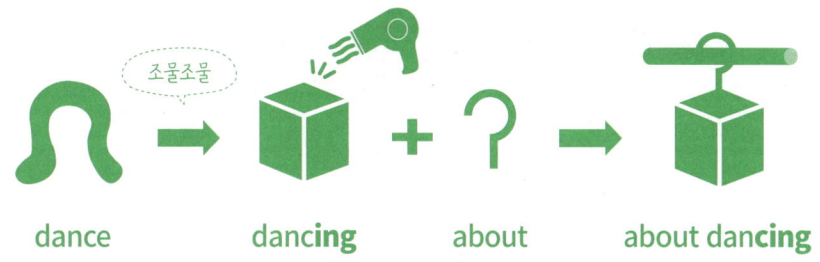

동사의 모양을 명사형으로 바꾸고 전치사를 붙였습니다.

◆◆◆

영어도 우리말과 같은 식으로 봉(문장)에 원하는 단어를 계속 걸어나갑니다.

우리말과는 달리 완전한 문장이 아닌데요.
완전한 문장을 만드는 법은 블록편에서 다루겠습니다.

▪ 여기에서는 단어가 문장에 들어가는 과정만을 보겠습니다.

마지막으로 한 번 더 우려먹… 아니, 정리해 봅시다.
단어가 문장에 들어가는 방법은 다음 세 가지였습니다.

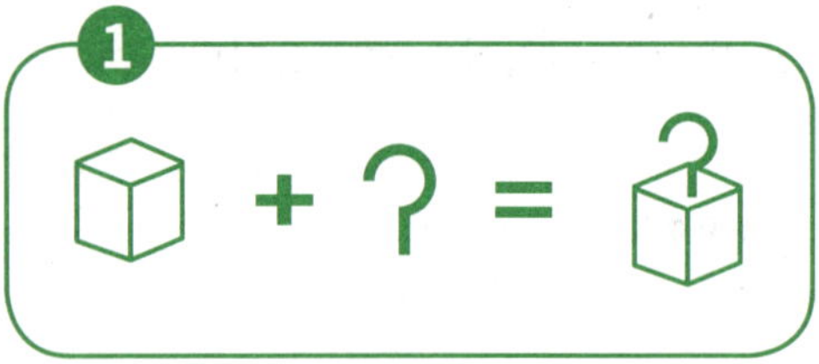

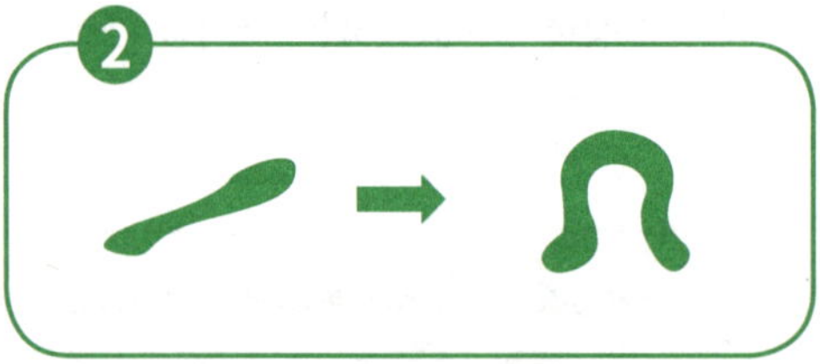

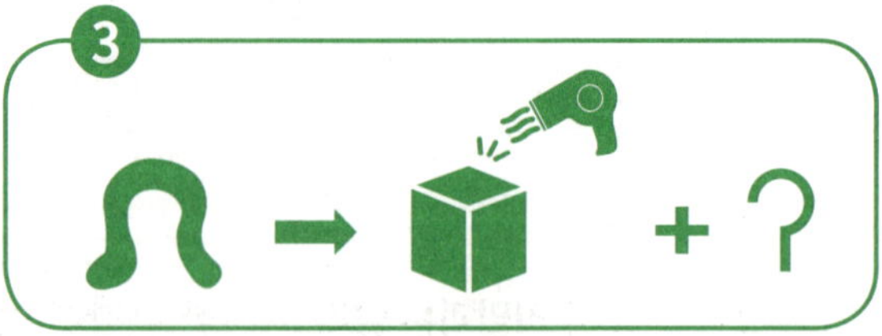

이 세 가지는 영어나 우리말이나 동일합니다. 의외죠?

Part 2

영어와 우리말의
차이는 뭘까?

1

영어와 우리말의 단어 인식 차이

영어와 우리말을 보면 '명사, 동사'처럼 같은 용어를 씁니다. 그래서 여러분은 영어와 우리말의 문법이 같거나 비슷하다는 착각을 하게 됩니다.

이로 인해 여러분의 영어문법 배는 산으로 올라가는데…

그런 착각으로 공부를 하다 보면 다음과 같이 이상한 일들을 겪게 됩니다.

■ 이상한 점 1. 영어와 국어사전의 차이점?

아래는 영어사전에 실린 영어 단어와 그 품사입니다.

단어명	뜻	품사별 V
around [əˈraʊnd]	약, …쯤	부사, 전치사
class [klæs]	학급[반] (학생들) [C+sing. / pl. v.]	명사, 동사, 형용사
snack [snæk]	[비격식] (보통 급히 먹는) 간단한 식사[간식]	명사, 동사
afternoon [ˌæftərˈnuːn]	오후 [U, C] 참고 good afternoon	명사
interesting [ˈɪntrəstɪŋ;ˈɪntrestɪŋ]	(특별하거나 신나거나 특이해서) 재미있는, 흥미로운	형용사
break [breɪk]	깨어지다, 부서지다; 깨다, 부수다	동사, 명사
member [ˈmembə(r)]	구성원[일원](특정 집단에 속하는 사람·동물·식물)	명사
homework [ˈhoʊmwɜːrk]	(학생이 하는) 숙제[과제]	명사
tomorrow [təˈmɑːroʊ;-ˈmɔːr-]	내일 참고 jam n.	부사, 명사

출처: 네이버 영어사전, 중1 교과과정 단어목록 474건 중 일부 발췌

다음은 국어사전의 일부입니다.
앞의 영어사전과 비교해 다른 점 하나가 있어요.

바글거리다
[동사]
1. 적은 양의 액체가 넓게 퍼지며 야단스럽게 자꾸 끓거나 솟아오르다.
2. 잔거품이 넓게 퍼지며 자꾸 많이 일어나다.
3. 작은 벌레나 짐승 또는 사람 따위가 한곳에 많이 모여 움직이다.

바글대다
[동사]
1. [같은 말] 바글거리다(1. 적은 양의 액체가 넓게 퍼지며 야단스럽게 자꾸 끓거나 솟아오르다).
2. [같은 말] 바글거리다(2. 잔거품이 넓게 퍼지며 자꾸 많이 일어나다).
3. [같은 말] 바글거리다(3.작은 벌레나 짐승 또는 사람 따위가 한곳에 많이 모여 움직이다).

바글바글
[부사]
1. 적은 양의 액체가 자꾸 넓게 퍼지며 끓거나 솟아오르는 소리. 또는 그 모양.
2. 잔거품이 자꾸 넓게 퍼지며 많이 일어나는 소리. 또는 그 모양.
3. 작은 벌레나 짐승 또는 사람 따위가 한곳에 많이 모여 자꾸 움직이는 모양.

바글바글하다
[동사]
1. 적은 양의 액체가 자꾸 넓게 퍼지며 끓거나 솟아오르다.
2. 잔거품이 자꾸 넓게 퍼지며 많이 일어나다.
3. 작은 벌레나 짐승 또는 사람 따위가 한곳에 많이 모여 자꾸 움직이다.

출처: 네이버 국어사전, '바'열 일부 발췌

뭐가 다른지 아시겠어요?

제발 그냥 넘기지 말고 10초만 고민해 보세요. 그냥 넘기면 재미 없잖아요~.

차이는 다음과 같습니다. 영어사전에는 한 단어에 품사가 여러 개 있고,

단어명	뜻	품사별 [V]
around [əˈraʊnd]	약, …쯤	부사, 전치사
class [klæs]	학급[반] (학생들) [C+sing. / pl. v.]	명사, 동사, 형용사
snack [snæk]	[비격식] (보통 급히 먹는) 간단한 식사[간식]	명사, 동사
afternoon [ˌæftərˈnuːn]	오후 [U, C] 참고 good afternoon	명사

바글거리다
[동사]
1. 적은 양의 액체가 넓게 퍼지며 야단스럽게 자꾸 끓거나 솟아오르다.
2. 잔거품이 넓게 퍼지며 자꾸 많이 일어나다.
3. 작은 벌레나 짐승 또는 사람 따위가 한곳에 많이 모여 움직이다.

바글대다
[동사]
1. [같은 말] **바글거리다**(1. 적은 양의 액체가 넓게 퍼지며 야단스럽게 자꾸 끓거나 솟아오르다).
2. [같은 말] **바글거리다**(2. 잔거품이 넓게 퍼지며 자꾸 많이 일어나다).
3. [같은 말] **바글거리다**(3.작은 벌레나 짐승 또는 사람 따위가 한곳에 많이 모여 움직이다).

우리말에는 한 단어에 품사가 하나만 달려 있습니다. 왜 그럴까요?

■ 이상한 점 2. 용어의 차이점?

한편, 또 다른 이상한 것으로,
어디선가 명사구, 명사절, 명사적 용법 등의 용어를
들어본 적이 있을 거예요.

명사는 뭔지 알겠는데, 명사구, 명사절, 명사적 용법이란 도대체 뭘 의미하는 것일까요? 이런 용어가 우리말 문법에도 있을까요?

- 명사면 명사지, 명사적이란 도대체 뭘까요?

■ 이상한 점 3. 다음 문법용어의 주소는?

또, 관형어, 부사어라는 말은 주소가 어딜까요?

우리말 문법일까요? 영어 문법일까요?

이게 뭐가 중요하냐고요?

실은, 이게 헷갈린다면 영어 단어와 문장의 관계를 잘 모른다는 말이거든요.

■ **이상한 점 4. 부정사, 동명사, 분사의 주소는?**

마지막으로 '부정사, 동명사, 분사'는 품사가 아닙니다.
그 이유가 무엇일까요?

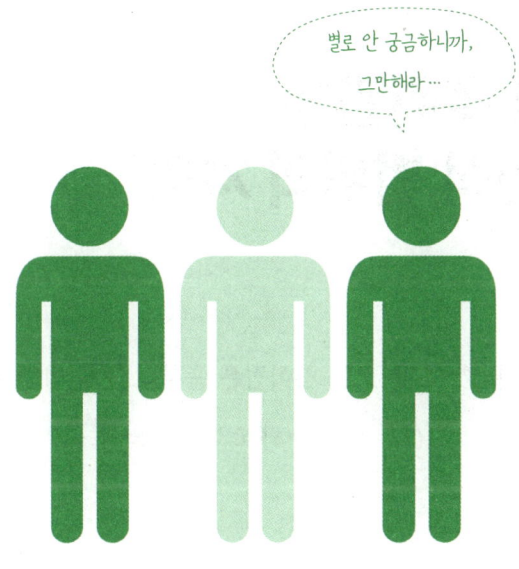

지금부터 이 수수께끼를 풀어 보겠습니다.

영어와 우리말의
품사 인식 범위의 차이

지금까지 본 모든 차이점은 품사의 인식 범위가
서로 다르기 때문에 생깁니다.

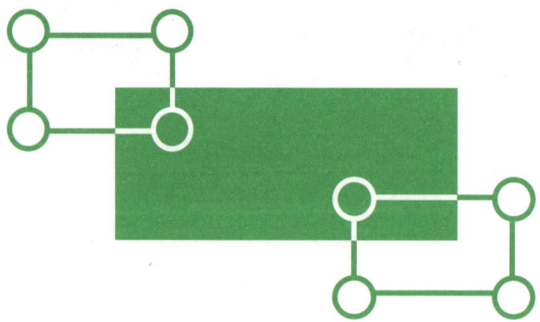

CC BY Vectors icon is created by Andrejs Kirma, LV from the Noun Project

어떻게 다른지 그 해답을 알기 위해 앞에서 본 문장의 생성 원리로
돌아가 봅시다.

■ 단어 성격의 변화

일반적으로 한 단어는 문장 내에서 본래의 성격과 다르게 쓰입니다.

명사의 경우 부사, 동사, 형용사**처럼** 단어의 성격이 바뀝니다.

- 부사, 동사, 형용사가 아니라 '처럼'입니다.

❖❖❖

동사도 부사, 형용사, 명사**처럼** 단어의 성격이 바뀌기도 하고요.

하나 더 볼까요? 형용사도 부사와 명사처럼 단어의 성격이 바뀌기도 합니다.

아무튼 한 단어는 **자기가 가진 성격과는 다른 성격의 단어로 바뀔 수 있습니다.**

- 이게 전부가 아니라 다른 경우도 많습니다.

◆◆◆

이러다 보니 문제가 생깁니다.

원래 단어의 성격과 다른 ❷번을 무엇이라 불러야 할지 난감해져 버린 것이죠.
'하다'도 동사, '이야기하다'도 동사라 불러야 하느냐?와 같이요.

- 다른 명사, 형용사, 부사도 마찬가지입니다.

■ 품사와 문장성분

이 문제를 해결하기 위해 우리말은 ❶번과 ❷번을 구분하는데요.

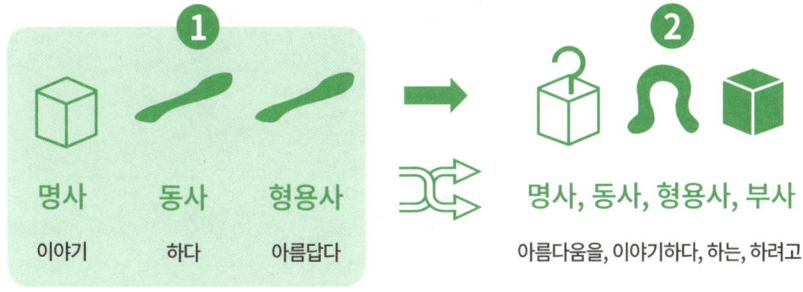

❶번 영역을 **품사**, ❷번 영역을 **문장성분**이라고 합니다.

◆◆◆

그리고, ❶번과 ❷번을 같은 이름으로 부를 수 없으므로

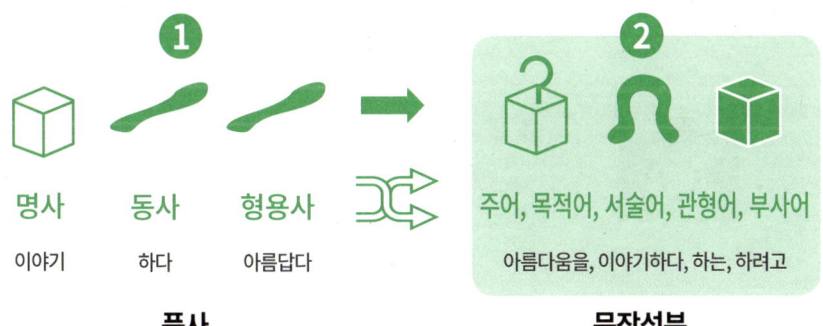

❷번을 '명사, 동사, 형용사' 대신 '주어, 목적어, 서술어, 관형어, 부사어' 라고 합니다.

* '아름다움' 자체는 명사형이라고 합니다. 뒤에서 설명할게요.

※ 참고 1. 관형사와 관형어의 차이

'새 카메라'의 '새'는 단어 자체만으로 관형사이고,
문장 속 관계에서는 '관형어'가 됩니다.

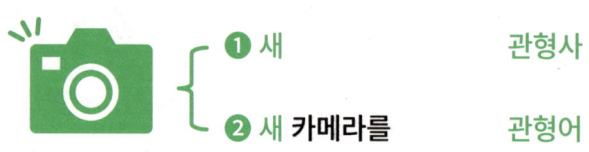

❶ 새   관형사
❷ 새 카메라를   관형어

'새'는 '새' 이외에 활용을 하지 않습니다. 품사와 문장성분의 모양이 같죠.

- 관형사와 관형어의 차이를 이제 아시겠어요?

─── VS ───

반면, '새로운 카메라'에서 '새로운'은 '새롭다'라는 형용사에서 왔고,

❶ 새롭다   형용사
❷ 새로운 카메라를   관형어

문장성분으로서 '새로운'은 관형어라고 부릅니다.
품사가 무엇이든 명사를 앞에서 꾸미면 관형어가 되는 것이죠.

- 부사와 부사어도 마찬가지 관계입니다.

※ 참고 2. 명사, 명사형, 주어/목적어의 차이

'아름다움'과 같이 동사가 명사 모양을 하고 있으면
문장에서 조사와 함께 쓰여서 '주어나 목적어'가 됩니다.

이때 '아름다움' 자체는 명사형이라고 합니다.

- 문장 내에서 단독으로 쓸 수 없으므로 '아름다움' 자체는 문장성분이 아닙니다.

다시 이야기로 돌아와, 영어의 경우는 어떨까요?

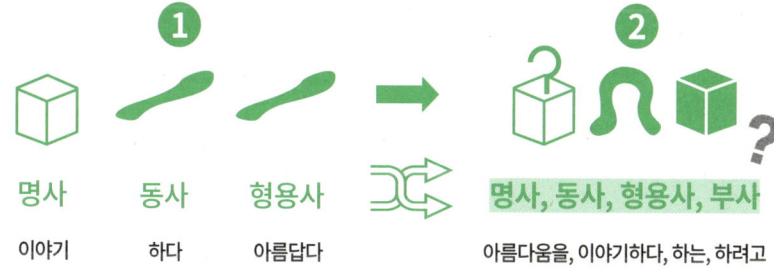

원래 단어의 성격과 다른 ❷번을 어떻게 부를까요?

- '하다'도 동사, '이야기하다'도 똑같이 동사로 불러야 하느냐라는 문제가 발생했었죠?

영어의 경우에는 ❶번에 대해 이름을 붙이지 않습니다.

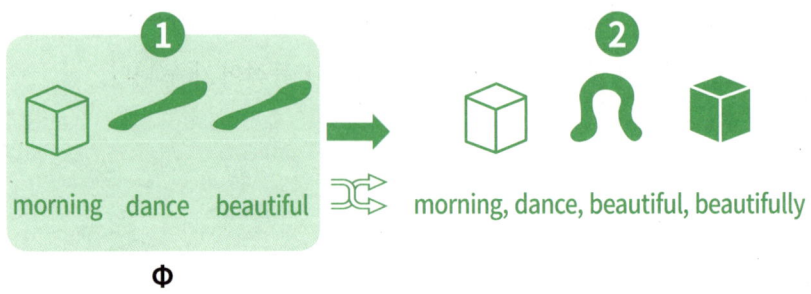

그 대신 ❷번에 대해 일일이 품사를 붙입니다.

이렇게 되면, 문장 내 성격에 따라 품사가 달라질 수 있습니다.

- 대부분 달라집니다.

예를 들어볼까요?

우리말에서는 '아름답게'를 사전에 찾아보면 표제어로 나오지 않습니다.

- 대신 '아름답다'가 나옵니다.

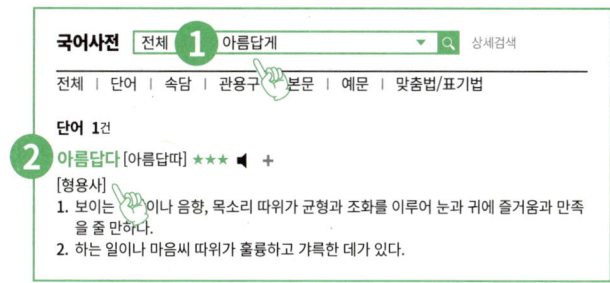

'아름답게'는 형용사 '아름답다'를 활용한 부사어(문장성분)로 보니까요.

◆◆◆

하지만, 영어의 경우 beautiful의 활용인 것처럼 보이는
beautifully를 품사로 봅니다.

문장성분인 부사어가 아니라, 별도의 품사인 부사로 부릅니다.

- 그러니 우리말의 관형어, 부사어와 같은 용어는 없겠죠?

덧붙여, 같은 모양의 단어라도 문장 내에서 명사처럼 쓰이면 명사,

동사처럼 쓰이면 동사로 봅니다.

- 이에 대해서는 뒤에서 자세히 다룰 거예요.

◆◆◆

또, dance가 dancing으로 변한 경우, '춤'의 의미면 명사이고,

'춤추기'의 의미면 같은 모양이라도 동사의 활용으로 봅니다.

- 동사의 활용은 사전의 표제어로 나오지 않습니다.

그러다 보니 한 단어에 여러 개의 품사가 붙어 버립니다.

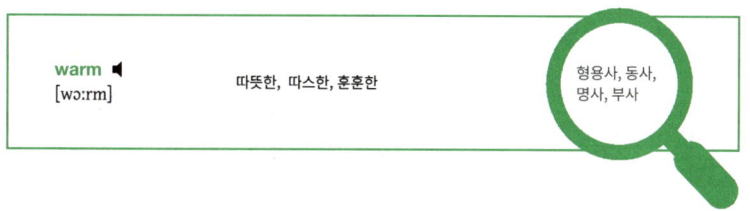

이와 관련해 더 황당한 것들이 몇 개 있지만 여기서는 이만하겠습니다.

◆◆◆

영어는 왜 이렇게 우리와는 다른 방식을 쓸까요?

정답은 없어요. 띄어쓰기 때문이 아닐까 추측해 봅니다.
좀 더 자세히 알아보면…

우리말 명사의 경우, 항상 조사와 한 덩어리를 만들어 씁니다.

- 우리말 문법에서 이 덩어리를 어절이라고 합니다.

'아침'과 '에'를 띄어 쓰지 않고 붙여 썼죠?
하나의 덩어리로 된 애를 따로 불러야 할 필요가 생깁니다. 부사어처럼.

◆◆◆

하지만 영어의 경우, 의미와 관계없이 모든 단어를 띄어 씁니다.

- 이 하나의 의미를 영어 문법에서는 '구(phrase)'라고 합니다.

우리말처럼 뭉쳐져 있지 않은 단어의 집합에 문장성분을 붙이기가
부담스럽지 않았을까요?

▪ 동사 활용이 품사가 못 되는 이유

이번에는 동사의 활용이 품사가 아닌 이유를 알려 드릴게요.

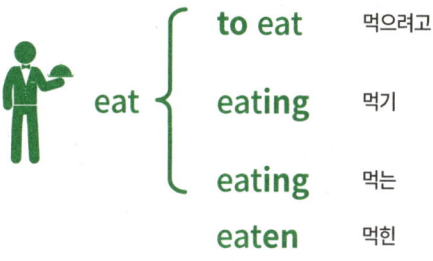

우선, 이 활용에는 이름이 각각 있습니다.

to부정사, 동명사, 분사입니다. 얘들이 품사가 못 되는 이유는…

쉿! 조용~ 동사의 활용 및 각 성격에 대해서는 뒤에서 설명 드릴게요.

to부정사의 경우 부정사와 동사의 결합이기 때문입니다.

- in the morning에 하나의 품사를 주지 않았던 것처럼, 영어에서 품사의 인식 기준은 한 단어였죠?

품사와 품사의 결합을 또 다른 품사라고 부를 수 없으니까요.

◆◆◆

eating의 경우 '식사'라는 별개의 의미를 지닌 단어가 있고,

- 앞에서 dance가 '춤', '춤추기'로 나뉜 거 기억나세요? '식사' 의미의 eating은 당연히 명사입니다.

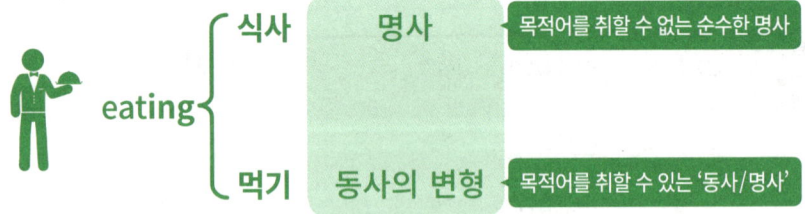

'먹기'의 eating은 동사와 명사의 성질이 한 단어에 같이 들어가 있어서 품사라 부를 수 없어요.

- 둘 중 하나의 성질이 아니라 두 개의 성격 모두가 들어가 있다는 말입니다.

분사 eating의 경우도 동사와 형용사의 성질을 한데 지니므로 품사가 될 수 없습니다.

그런데, '먹힌'의 eaten은 형용사만의 성격을 지녀서 단어에 따라 형용사로 불리기도 합니다.

- '유럽의 전통 문법에서는 오랫동안 분사가 품사의 하나로 취급되기도 하였다' [출처: 두산백과, 분사항목]
- eaten의 경우 형용사로 불리지 않지만 worried의 경우는 형용사로 불립니다. 지맘대로죠.

3

🔊 B2-1.mp3

영어의 품사 체계 다시 이해하기

이와 같이 품사-문장성분이라는 비교적 간결한 문법 체계를 가진 우리로서는 이런 영어의 품사 이해 방식이 복잡하기만 합니다.

영어의 품사 이해 방식에 우리말의 품사-문장성분을 도입하면 어떨까요?

그러면 그 많은 불필요한 용어들이 우리말 문법용어로 간단히 정리됩니다.

◆◆◆

to부정사, 동명사, 분사를 편의상 동사가 활용된 **문장성분**으로 이해하자는 것이죠.

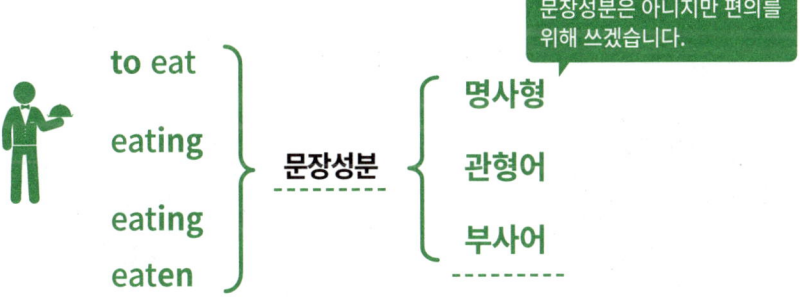

문장성분은 아니지만 편의를 위해 쓰겠습니다.

그러면 의미에 따라 관형어, 부사어로 달리 부를 수 있게 됩니다.

- to eat, eating, eaten을 부르는 용어는 편하게 익숙한 대로, 눈에 보이는 대로 불러도 좋습니다.
- 이것만으로도 '명사적, 형용사적, 부사적 용법'과 같은 표현을 쓸 필요가 없어집니다.

'전치사구, 명사구, 형용사구'와 같은 용어도 이 책에서는 쓰지 않습니다.

- 명사절, 목적절과 같은 '절' 개념도 블록을 사용하면 필요 없습니다.

'관형어, 부사어' 등의 문장성분으로 통일해 쓰면 되니까요.

◆◆◆

하나의 품사가 여러 개로 쓰이는 경우 가장 직관적인 품사를 기본으로 하고,

더 이상 정확한 품사를 알기 위해 고민하지 마세요. 뭐, 고민한 적도 없겠지만…

나머지 품사는 문장성분으로 부르세요.

그럼 예를 들어볼까요?

You're so lucky **to live** in such a beautiful city!
to~~부정사~~ → to+동사원형 / 부사어

'to부정사'라는 용어 대신 'to+동사원형'이라 하고,
문장성분은 부사어로 이해합시다.

- 동사의 활용이죠? 같은 방식으로 living을 '-ing', lived를 '과거분사(p.p.)'라고 합시다.
- 만일 to부정사가 익숙하다면 무시하고 'to부정사'로 불러도 아무 문제 없습니다.

◆◆◆

'전치사구'라는 말 대신, 보이는 그대로 '전치사+명사'라 하고
- '전치사구'는 문장성분이 아니라 단어의 모임을 부르는 말입니다. 전치사부터 시작해서 전치사구라 합니다.

You're so lucky to live **in such a beautiful city**!
전치사구 → 전치사+명사 / 부사어

문장성분은 부사어로 이해합시다.
- 우리말처럼 단어의 집합을 문장성분으로 이해하는 것이죠.

such의 품사를 영어사전에 찾아보면, 형용사, 부사, 대명사로 나뉩니다.

You're so lucky to live in such a beautiful city!

품사: 형용사
문장성분: 관형어

그런 아름다운 도시에서 살고 있다니 행운이로군요!

이제는 가장 많이 쓰이는 형용사로 품사를 알고 있다가,
다른 품사로 쓰이는 경우, 관형어, 부사어, 명사형으로 쓰였다고
이해하세요.

- 지금처럼 여러 품사로 부르는 것이 익숙하다면 그렇게 해도 좋습니다.

Part 3

변화와 시제,
핵심동사

1

우리말의 다양한 동사 변화, 영어로는 어떻게?

우리말의 동사 변화는 매우 다양합니다.

마시다, 마시고, 마셔서, 마시면, 마시는, 마시다가, 마실……

drink, drank, drunk……?

이 많은 동사의 활용을 영어로는 어떻게 표현할까요?

이를 해결하기 위해 먼저 알아두어야 할 것이 있습니다.
바로 핵심동사인데요.

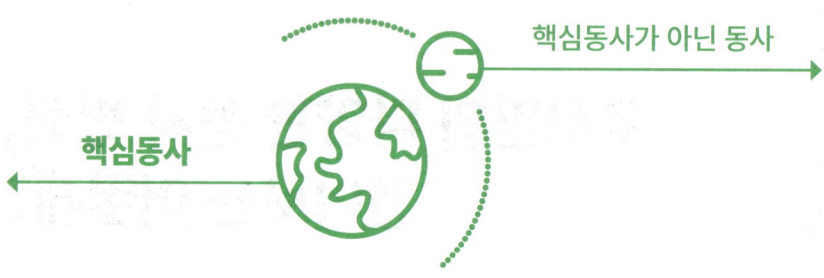

영어에서 동사는 크게 **핵심동사**와 **핵심동사가 아닌 것**으로 나뉩니다.

핵심동사는 우리말에서 문장을 끝낼 때 쓰는 동사입니다.

- 우리말 문법으로 종결어미를 쓰는 동사입니다.

마시다
drink

◆◆◆

동사의 모양이 변해도 **문장이 끝나면** 핵심동사의 활용이라고 합니다.

마시다, 마셨다, 마실 것이다, 마셔왔다
drink, drank, will drink, have drunk

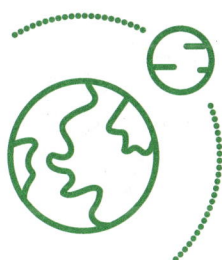

비핵심동사의 경우, 동사의 모양이 바뀌어도 문장이 끝나지 않습니다.

마시려고, 마시는, 마신…
to drink, drinking, drunk

비핵심동사에는 **to+동사원형**, **-ing**, **분사**가 있습니다.

우리말에는 비핵심동사의 유형이 엄청나게 다양한 반면, 영어에서는 3가지 종류밖에 없습니다.

매우 다행이죠.

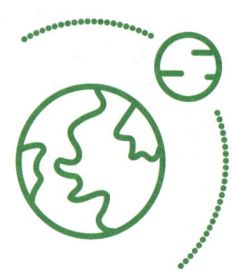

아주 많음: 마시려고, 마시는, 마신…
3개: to drink, drinking, drunk

2

🎧 B3-1.mp3

핵심동사의 위치 및 시제

우리말과 영어의 핵심동사는 위치가 다릅니다.

행복한 개는 끝이 없어 보이는 에너지를 가지고 있습니다.

Happy dogs have seemingly endless energy.

이 다름으로 인해 수많은 일들이 일어납니다.

- 이 대하 드라마에 대해서는 블록편에서 다룹니다.

핵심동사 활용의 핵심은 시제!
즉, 핵심동사의 활용은 **시간**과 관련되어 있습니다.

마시다, 마셨다, 마실 것이다, 마셔왔다
drink, drank, will drink, have drunk

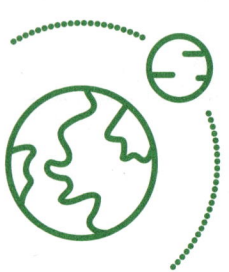

그리고, 이 시간을 표현하는 데에는 **조동사**가 필요합니다.

- 과거와 현재 시제를 제외하고서 모두 조동사가 들어갑니다.

이 조동사가 들어가면서 '할 수 있었는데, 하고 있다, ~일 거야' 등의 뉘앙스가 핵심동사에 붙습니다.

- '~일 거야'가 어떻게 시간과 관계된 표현이냐고요? 바로, 미래와 관련된 추측입니다. 뒤에서 좀 더 자세히 설명합니다.

 **can, could, will, would, have, do……**

마치 음식의 조미료와 같죠? 지금부터 이 시제에 대해 알아봅시다.

시제는 영어나 우리말이나 비슷한 용어를 씁니다.
현재, 과거, 미래 등이 바로 그것이죠.

그래서 만만하게 생각하지만 막상 영어의 시제를 쓰려면
헷갈리고 어려운 부분이 나타납니다.

1. 현재와 과거가 헷갈리는 경우

- 0.000001초 전에 일어난 일은 현재일까, 과거일까?
- 매일 학교에 가는 행동은 어제도 포함되어 있는데 현재를 써야 하는 이유가 뭘까?

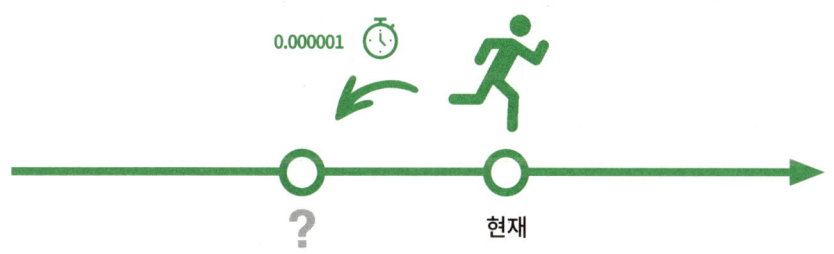

2. 현재와 현재진행형이 헷갈리는 경우

- 지금 당장 내 눈 앞에서 일어나는 일은 현재일까, 현재진행형일까?

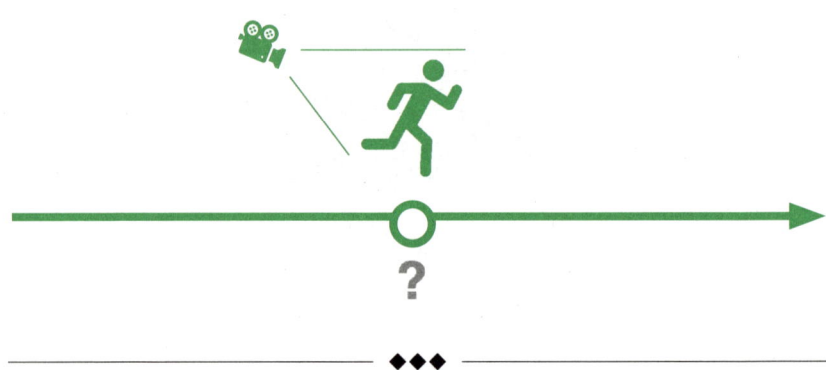

3. 현재완료와 과거가 헷갈리는 경우

- 과거에 일어난 일인데 현재와 연관성이 있다는 정의를 어떻게 활용해야 할까?
- 현재완료에서 일어나는 일은 모두 과거인데도 과거 시제를 쓰면 틀리는 이유가 뭘까?

이와 같은 문제를 해결하지 못하다 보니,
시제를 혼돈해 쓰는 일이 잦습니다.
현재 시제를 써야 할 때 과거나 현재완료 시제를 쓰거나 반대의 경우죠.

이 문제점을 해결하기 위해 이 책에서는 새로운 시제 모델을 만들었어요.

◆◆◆

이 새 모델은 다음 두 가지 특징이 있습니다.
첫째, 시제를 표현하는 데 말이 아니라 이미지를 사용합니다.

직관적이어야 말을 하는 데도 쓸 수 있겠죠?

둘째, 화살표로 대표되는 시제 이미지가 아니라,
판 모양의 입체적인 이미지를 씁니다.

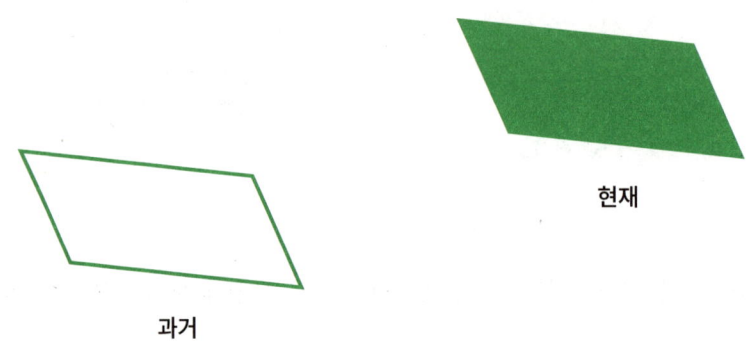

이게 시제의 문제점을 어떻게 해결하는지 궁금하시죠?
현재 시제부터 하나하나 해결해 볼까요?

3

🎧 B3-2.mp3

현재 시제의 개념 이해하기

현재 시제는 지금 말하는 순간 접근이 가능한 곳을 의미합니다.

- 시제를 공간으로 봤을 때!

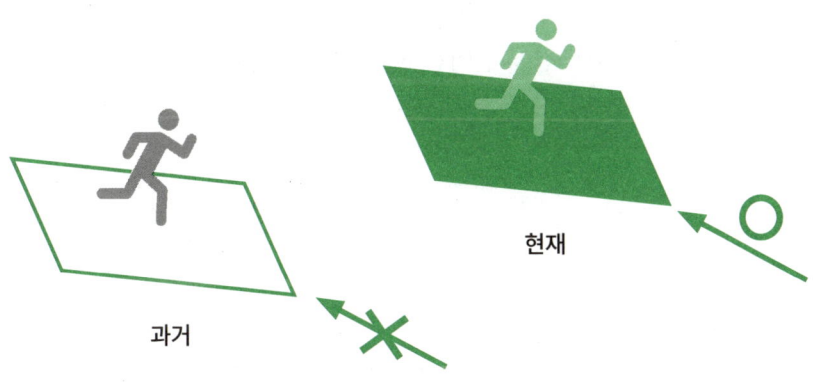

접근이 가능하면 현재이고, 가능하지 않으면 과거입니다.

이 공간 내에서 말하는 현재 일어나고 있는 일은 현재진행입니다.

번거롭지만 현재와 과거의 개념을 이렇게 만들어야
처음에 가진 의문점을 해결할 수 있습니다.

- '과거의 동작이 포함되어 있는데도 왜 현재 시제를 쓸까?'라는 질문이에요.

◆◆◆

이 모형으로 앞선 문제점을 해결해 볼까요?
우선 0.0001초 전에 일어난 일은 현재일까요 과거일까요?

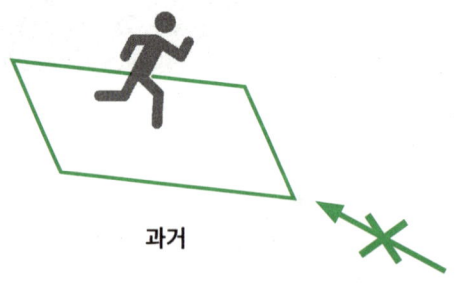

0.0001초 전에 일어난 일이라도 접근이 불가능하므로
과거형을 써야 합니다.

반면, 현재에도 접근이 가능하거나 일어나는 일은 현재라고 했으니 반복해서 일어나는 일은 현재에 접근이 가능하므로 현재 시제를 써야 합니다.

과거에 일어났느냐 아니냐가 기준이 아니라
현재에도 그 동작을 할 수 있느냐의 여부에 달려 있어요.

◆◆◆

눈 앞에 일어나는 일을 중계하듯이 알려줄 때에는 현재 시제가 아니라, 현재진행 시제를 사용해야 합니다.

접근 가능하냐의 차원이 아니라 별도의 시제 감각이 필요한 것이죠.

• 우리말이나 영어나 마찬가지입니다.

예문으로 한번 알아보겠습니다.

He **takes** a photo of himself every day.
그 남자는 매일 셀카를 찍어요.

이 동작을 현재에도 할 수 있죠? 따라서 현재 시제를 사용했어요.

- 시간을 공간적인 개념으로 볼 때 현재라는 공간에 접근이 가능한 거죠.

He **takes** a photo of himself every day.

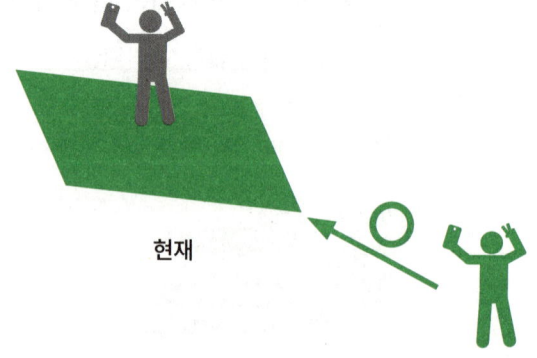

지금 일어나는 일인지 아닌지가 아니라 지금 이 행동을 해도 문장이 성립할 수 있다면 현재로 표현합니다.

과거는 이 동작에 접근 불가능합니다.

- 마치 <인터스텔라>에서 주인공이 딸이 사는 곳을 보지만 접근할 수 없듯이 말이죠.

He **took** a photo of himself last weekend.

그 남자는 지난 주말에 셀카를 찍었어요.

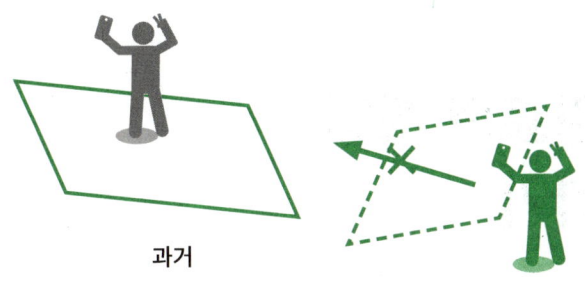

과거

이 관점에서 보면 매일 일어나는 규칙이나 반복적인 일을 왜 현재로 쓰는지 이해할 수 있어요.

현재진행 시제는 지금 그 동작을 중계로 보는 듯한 느낌입니다.

- 우리말이나 영어나 비슷해서 이해하기 쉬울 거예요.

He **is taking** a photo of himself.

그 남자는 셀카를 찍고 있어요.

밋밋하죠

순간적으로 지나가는 동작을 현재 시제로 나타내기에는 부족해요.

현재완료의 개념 이해하기

현재완료도 이전에 쓴 모형을 활용해서 이해할 수 있어요.

- 시제를 공간으로 보는 점도 같아요.

단, 현재완료는 기존 모델에서 과거와 현재 사이에 통로를 만듭니다.

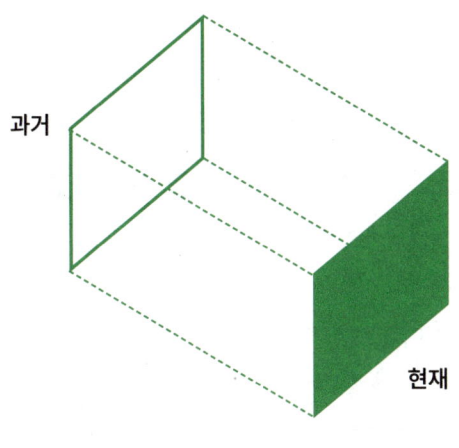

현재완료는 현재에서 과거 **기간 동안** 발생한 일을 표현할 때 씁니다.

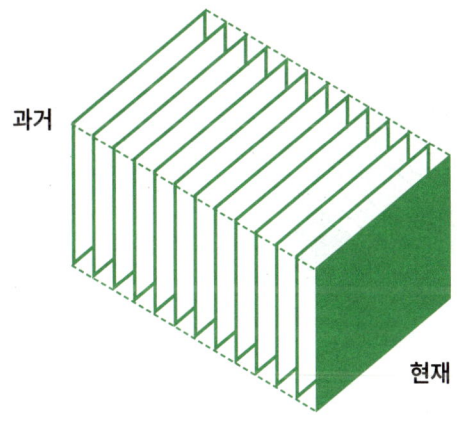

현재와 과거 사이에 수많은 과거 시제의 모음이 있어요.
현재완료는 현재에서 이 공간을 바라봅니다.

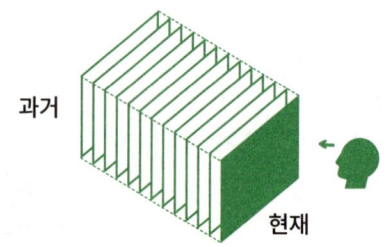

현재에서 바라보기 때문에 과거 시제를 쓰지 않습니다.

- 현재를 기준으로 얼마나 사건이 일어났는지 따지기 때문이죠.
- 'have+과거완료', 과거의 필름을 현재 몇 개 가지고 있다는 의미예요.

◆◆◆

이 공간에서 일어나는 일은 두 가지입니다.
사건이 하나 발생하는 경우와 여러 개 발생하는 경우입니다.

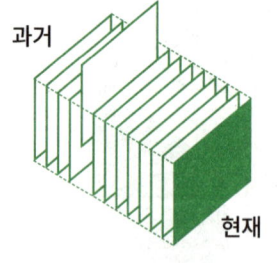 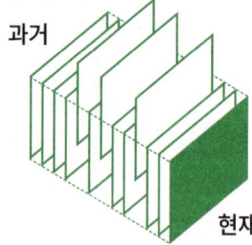

이 구분은 문장으로 써 보면 구분되지 않을 때가 있어요.

- 단어 자체의 의미나 부사어가 연결되어야만 구분될 때도 있어요.
- I have lived in Seoul.(난 서울에서 살았다.)만으로는 한 번만 산 적이 있는지, 여러 번 살았는지 구분할 수 없죠.

우선 여러 번 일어나는 경우부터 볼까요?
그 기간 동안 연속해서 일어나거나 간헐적으로 일어나는 경우입니다.

- 이 경우는 우리말과 비슷해서 이해하기 쉽습니다. '~해 왔다' 등과 같은 표현이죠.

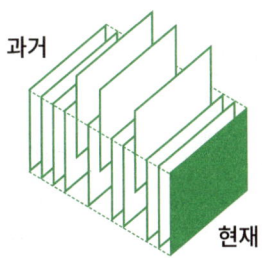

for, times 등으로 그 기간이나 횟수를 표시합니다.
I have seen this movie three times. (난 이 영화를 세 번 봤어.)와
같은 문장이 여기에 해당합니다.

한 번 일어나는 경우가 문제인데요. 과거 시제와 구분하기 어렵죠.

- 현재완료나 과거 시제나 모두 사건이 과거에 일어났다는 공통점이 있어요.

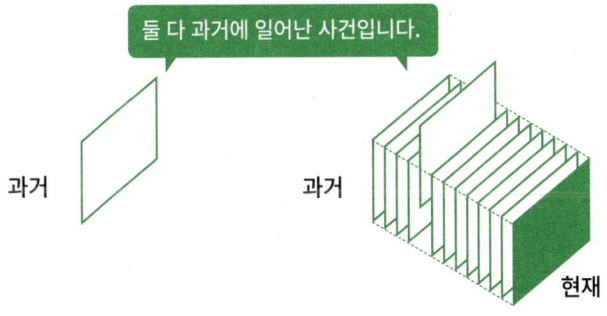

둘 다 과거에 일어난 사건입니다.

현재완료의 개념 이해하기

과거 시제는 이 과거의 모음에서 한 카드만 꺼낸다는 이미지입니다.

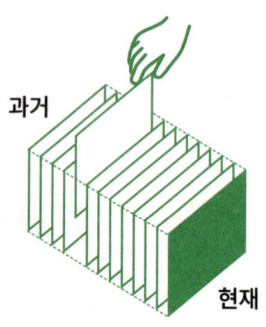

◆◆◆

현재완료는 그 카드를 기점으로 현재까지 카드 색깔이 바뀌는 이미지입니다.

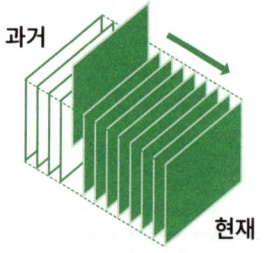

과거의 사건은 사건 자체에만 집중하는 반면,
현재완료는 그 사건을 기점으로 상황이 바뀌었음을 강조합니다.

- 남자의 다리가 부러진 상황을 묘사한 He has broken his leg.와 He broke his leg.의 차이점을 생각해 보세요.

예문으로 한번 알아보겠습니다. 먼저, 과거와 현재 사이의 공간에서 사건이 여러 번 일어나는 경우부터 보시죠.

- 연속적으로 일어날 수도 있고, 띄엄띄엄 일어날 수도 있어요.

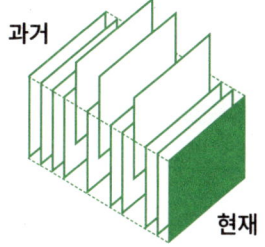

He **has taken** a photo of himself every year for 10 years.
그 남자는 10년간 매년 자기 사진을 찍어 왔다.

[띄엄띄엄 일어나는 경우]

- 이 문장은 사람에 따라 10년간 연속해서 일어났다고 볼 수도 있어요.
- 어쨌거나 10년이란 기간 동안 몇 번이 일어났다는 것을 강조할 때 현재완료를 씁니다.

그 다음은 여러 번 연속적으로 일어나는 현재완료의 표현입니다.

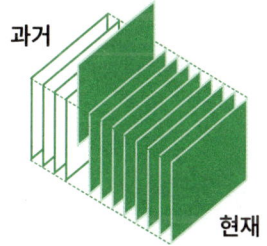

I **have lived** in Seoul for 10 years.
난 10년째 서울에서 살고 있다.

[연속적으로 일어나는 경우]

- have lived라고 해서 무조건 연속적으로 일어나는 것은 아닙니다.
- have lived twice와 같이 두 번 살아본 적이 있다는 표현은 비연속적이겠죠?

특정 기간 동안 여러 번 일어난 경우를 봤으니,
이번에는 한 번만 일어난 경우를 볼까요?

He **broke** his camera. 그 남자는 자기 카메라를 고장 냈다.

과거의 사건은 사건 자체에만 집중하는 반면,

현재완료는 그 사건을 기점으로 현재까지 상황이 바뀌었음을 강조합니다.

- He has died.(남자가 사망했습니다.)와 같이 뉴스의 시작에서 현재완료를 쓰는 이유이기도 합니다.

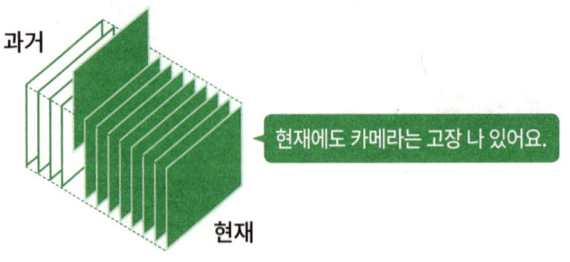

He **has broken** his camera. 그 남자는 자기 카메라를 고장 냈다.

🔊 B3-4.mp3

미래 시제와 조동사

복습으로, 앞서 핵심동사의 활용은 99% 조동사를 이용해 표현한다고 했습니다.

- 현재 시제와 과거 시제만 조동사가 없습니다.

do, is, are...도 조동사입니다.

can, could, will, would, have, do, is, are......

다음은 지금까지 다루었던 시제와 조동사들입니다.

spill	쏟다 
spilled	쏟았다
is spilling	쏟는 중이다
was spilling	쏟는 중이었다
have spilled	쏟아버렸다
have been spilling	쏟아버리던 중이다

CC BY Spilled Coffee Mug by PC-SSH from the Noun Project

여기에 쓰인 is, was, have, have been은 모두 조동사였죠?

◆◆◆

마지막으로, 지금까지 다루지 않은 미래 시제와 조동사에 대해 알아보겠습니다. 우선, 미래 시제의 성격에 대해 생각해 봅시다.

I drank coffee.   **I drink** coffee.   **I will drink** coffee.

과거   현재   미래

학자들에 따라 여러 의견이 있지만, 미래 시제는 없습니다. 아직 오지 않은 일에 대한 **추측**과 **의지** 등을 나타내는 표현만이 있을 뿐입니다.

- 시제란 시간을 표시하는 것이라는 정의에 의하면, 추측과 의지는 시간을 표시하지 않습니다.

일어나지 않은 일의 추측은 **정도**에 따라 다음과 같이
조동사를 배열할 수 있어요.

might, could, would – may – should / will – must

(혹시) 거기 있을지도 몰라 　 거기 있을지도 몰라 　 거기에 있을 거야 　 틀림없이 거기 있어

might, could, would가 과거에만 쓰는 것이 아니라는 것에 주의하세요.
should는 상황/조건을 봤을 때 '~할 것이다'라는 뉘앙스가 있습니다.

- 이 일어나지 않은 일의 정도는 뒤에서 다룰 가정법에서도 응용됩니다.

예문으로 느껴 보겠습니다.

 He might be there.

그 남자가 거기에 도착했을지 몰라. **(가능성 낮음/의심)**

 He may be there.

그 남자는 거기에 도착했을 거야. **(가능성)**

 He should be there by now.

그 남자는 지금쯤 거기에 도착해야 해. **(여러 가지 정황상)**

 He must be there by now.

그 남자는 지금쯤 거기에 도착했어. **(확신/의심 없음)**

또한, 일어나지 않은 일에 대해 **얼마나 마음대로 할 수 있는지**에 따라 다음과 같이 단어를 배열할 수 있어요.

will, can, may – would, could - should – have to / must

내 마음대로임 / 상황 봐가면서(된다면) / 해야만 해 / 꼭 해야만 해ㅠㅠ

역시 could, would가 과거에만 쓰는 것이 아니라는 것에 주의하세요.
또한 may는 허락을 주고받는다는 의미가 있습니다.

역시 예문 한번 봐야죠? 각 조동사의 뉘앙스를 잘 봐주세요.

 She can go.
그 여자는 출발할 수 있어. (그녀 마음대로)

 You may go.
너는 가도 좋아. (허락)

 You should go.
너는 가야 돼. (상황이나 기타 여건을 보니)

 You must go.
너는 지금 꼭 가야 돼. (명령)

▪ 조동사 활용 예시

발생 가능성과 행동의 자유도는 문장 하나로 결정하기
애매할 수도 있습니다.

I can write a letter to him.
나는 그에게 편지를 쓸 수 있어.

I could write a letter to him.
나는 그에게 편지를 쓸 수 있을지 몰라. ← 추측의 경우
나는 그에게 편지를 쓸 수 있었어. ← 과거 시제

could write가 전체적으로 과거 시제인 경우 의지가
충만한 경우가 되기 때문입니다.

- I thought I could write a letter to him.(난 그에게 편지를 쓸 수 있을 거라 생각했어.)과 같은 문장입니다.
  - 이 경우 함께 쓰인 다른 문장의 시제를 보면서 결정해야 합니다.

우리가 많이 쓰는 would에 공손의 의미가 있다고 하는데요.

*I will like a cup of coffee. 당연히 맘대로 할 수 있지!
나는 (강하게) 커피를 마시고 싶을 거야.

I would like a cup of coffee. 내 맘대로가 아니라 준다면
(주신다면) 커피를 마시고 싶어요.

내 마음대로 마시겠다는 강한 의지가 아니라, '준다면 마시겠다'는 약한 의지에서 공손하다는 의미가 온 거예요.

- *표는 쓰지 않는 문장임을 나타냅니다.

6

🎧 B3-5.mp3

가정법의 새로운 기준

지금까지 조동사를 봤는데요. 끝판왕 가정법이 나올 차례입니다.

가정법이란 '시험 공부를 했으면 성적이 좋았을 텐데'와 같은 표현입니다.

- If라는 가정을 세우고, 실제로 일어나는 일이 아니기 때문에 조동사를 사용합니다.

'~를 한다면' 부분과 '~할 텐데'라는 부분은 다음과 같은 시제를 가집니다.

- 조건절과 주절이라 부르기도 합니다.

If you **study** hard, you **will pass** the exam.
공부를 열심히 하면, 시험에 합격할 거야.

※If you **studied** hard, you **would pass** the exam.

> 문법적으로는 이상없으나 내용상 쓰지 않는 문장

공부를 열심히 한다면, 시험에 합격할 텐데.

If you **had studied** hard, you **would have passed** the exam.
공부를 열심히 했더라면, 시험에 합격했을 텐데.

조건절과 주절의 시제는 내용에 따라 섞이기도 합니다.

If you **had studied** hard, you **would pass** the exam.
(학창 시절에) 공부를 열심히 했더라면, 지금 이 시험을 합격할 텐데.

다들 이 가정법을 어려워하는데요.
시제가 직관적이지 않고 정의가 겹쳐서 선택하기가 힘들기 때문입니다.

CC BY Headphones by Emily Haasch from the Noun Project

시제가 직관적이지 않다는 말은 가정법 현재, 과거, 과거완료가
현재, 과거, 과거완료를 다루지 않고

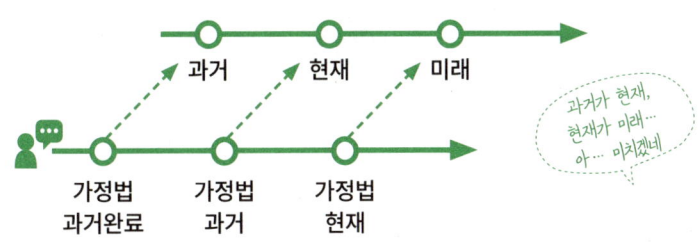

현재/미래, 현재/미래, 과거를 다룬다는 말입니다.

◆◆◆

그래서 영어문법에서는 0, 1, 2, 3 가정법이라는 표현을 씁니다.

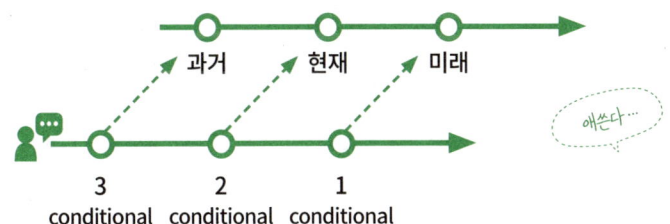

그런데 이것도 직관적이지 않은 것은 마찬가지입니다.

하나 더, 정의가 겹치는 게 가장 큰 문제인데요.

CC BY intersection by Magicon from the Noun Project

읽는 것조차 싫으시죠?
저도 그래요.

가정법 현재와 과거는 모두 현재와 미래를 다루고,
가정법 과거와 과거완료는 모두 가능성이 없는 것을 다룹니다.

◆◆◆

핵심은 어떤 때에 어떤 표현을 쓰느냐인데요.
지금 방식은 복잡한 계산을 해야 하기 때문에 힘들기만 하죠.

현재 사실의 반대? 가정법 과거? 가정법 현재?
가능성 없는 것? 가정법 과거완료? 가정법 과거?

CC BY Calculator by Gregor Cresnar from the Noun Project

이쯤 되면 영어는 언어가 아니라 수학의 차원이 되어 버립니다.

지금부터 가정법을 아주 쉽게 끝내버릴 건데요.
이를 해결하기 전에 먼저 알아야 할 것이 두 가지 있습니다.

첫 번째는 불가능의 종류입니다. 불가능에도 종류가 있어요.

불가능에는 논리적으로 불가능한 것과,
시간적으로 불가능한 것이 있습니다.

'내가 신이라면, 지구가 네모라면'과 같이
논리적으로 말이 안 되는 것이 있는가 하면

'그때 공부를 열심히 했더라면'과 같이

시간적으로 돌이킬 수 없는 불가능이 있습니다.

- 이 경우에는 과거에 하지 못한 것에 대한 아쉬움도 묻어나겠죠.

◆◆◆

가정법을 배우기 전 알아야 할 나머지 하나는 조동사의 성격인데요.
이에 대해서는 앞서 언급한 바가 있습니다.

might, could, would – may – should / will – must

will, can, may – would, could - should – have to / must

조동사 시제의 차이는 감정, 생각에 대한 강도의 차이입니다.

- will보다는 would가 더 가능성이 희박하거나, 확신이 적고, 마음대로 하기 어렵습니다.

자, 그럼 이 전제를 바탕으로 가정법 해결책으로 들어가겠습니다.

첫째, 가정법 과거, 현재와 같은 용어를 버리겠습니다.

◆◆◆

대신, 가능한 정도를 기준으로 가정법을 재배치해 보겠습니다.

간단하죠? 가능성의 정도로만 가정법을 배치할 거예요.
앞으로 직관적으로 말할 수 있게 될 겁니다.

여기에 시간 개념을 넣어볼까요?
십자선을 기준으로 과거와 현재를 구분해 둡시다.

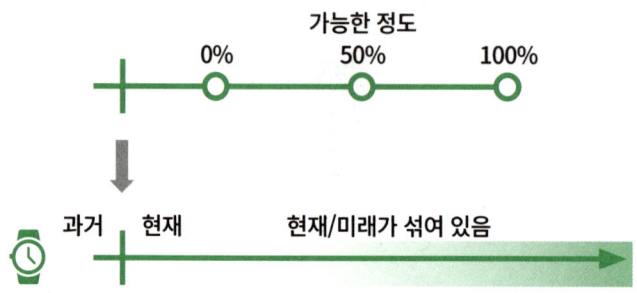

현재 시제의 특성상 0~100%의 시제는 현재와 미래가 섞여 있습니다.

- I'm going to go there. (난 거기 갈 거야.)와 같은 문장이 현재와 미래가 섞여 있는 문장입니다.

여기서 조금 주의해서 보셔야 할 부분은 현재와 과거가 나뉘는 지점입니다.

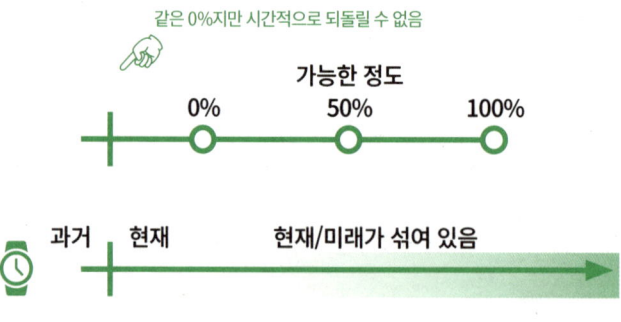

현재에 사건이 끝나버려서 되돌릴 수 없는 지점이 있습니다.

- 아무리 현재 같아도 동작이 끝나버리면 되돌릴 수 없겠죠. 지금 막 커피를 쏟았다면 되돌릴 수 없는 것처럼요.

가능한 정도가 100%인 것부터 하나하나 확인해 보겠습니다.

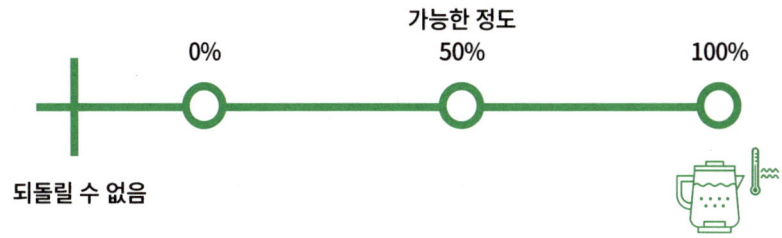

물이 100도에서 끓거나, 밥을 먹지 않으면 배가 고프다와 같은 자연 법칙에 관련된 당연한 사실들입니다.

예문을 한번 볼까요?

> 당연한 사실이므로 조동사를 쓰지 않습니다.

If you heat water up to 100 degrees, it boils.
물을 100도까지 덥히면, 물이 끓는다.

If you don't eat for a long time, you become hungry.
오래 동안 밥을 먹지 않으면, 배가 고파져.

If the alarm goes off, there's a fire somewhere in the building.
경보기가 울리면, 건물 어딘가에 불이 난 겁니다.

가능한 정도가 50%인 부분을 보겠습니다.

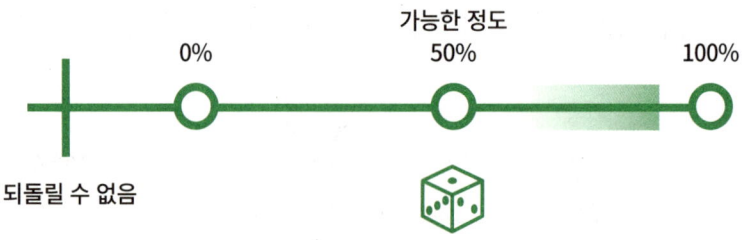

가능성이 50%라는 것은 숫자로 정확하게 표시되는 것이 아니라, 그렇게 될지 아닐지 모르는 상태입니다.

예문을 한번 볼까요?

> 실제로 그런지 아닌지 모르는 상태입니다.

If you try to open an older door, you will see a warning sign.
낡은 문을 열려고 하면, 경고사인을 보게 될 것입니다.

If you are a fan of the classic video game Tetris, you will enjoy this!
옛날 비디오 게임인 테트리스의 팬이라면, 이걸 즐기게 될 것입니다!

If your plane is late, I will wait in the car.
네 비행편이 늦는다면, 난 차 안에서 기다릴게.

이번에는 가능성이 없거나 50% 미만인 경우입니다.

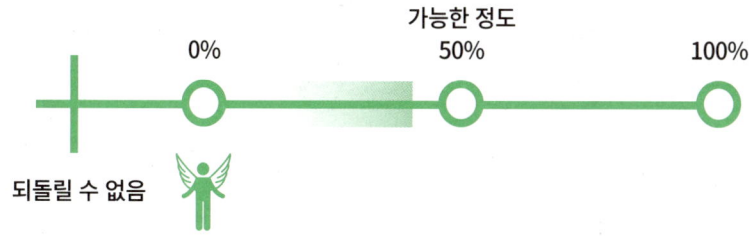

대개 0%이거나 0%에 가까운 경우입니다.
would, might는 과거가 아니라 **이루어지기 어렵다**는 뉘앙스를 나타냅니다.

- 실제 과거를 다루는 것이 아닙니다. 현재와 미래를 다룹니다.

예문을 한번 볼까요?

> 논리적으로 내가 다른 사람이 될 수 없어요.

If I **were** you, I **would tak**e the job.
내가 너라면, 난 그 일을 택할 거야.

> she was가 아니라 were로 불가능한 상황임을 강조합니다.

If she **were** an animal, she **would be** a cat.
그 여자가 동물이라면, 고양이쪽일 거야.

> tomorrow인데도 과거형을 써서 가능성이 낮음을 표현합니다.

If it **rained** tomorrow, people **would dance** in the street.
내일 비가 온다면, 사람들은 거리에서 춤을 출 텐데.

마지막으로 같은 0%인데도 시간이 지나서 안 되는 경우입니다.

CC BY Sick and Dying by Gan Khoon Lay from the Noun Project

이때는 과거완료를 가정문에, 주절에 'would have + 과거분사형'을 씁니다.

- 과거완료는 어떤 시점보다 앞서서 일어난 일임을 구분하고 싶을 때 씁니다.

예문을 한번 볼까요? 모두 되돌릴 수 없는 것들입니다.

과거에 부르지 않았기 때문에 그 당시 올 수 없는 상태였고 이제는 되돌리는 것이 불가능합니다.

If you had called me, I would have come.
나한테 전화했더라면, 내가 갔을 텐데.

If you had left then, you could have caught your train.
네가 그때 떠났더라면, 기차를 탔을 텐데.

지금 그를 도와줬봤자 그때 성공하는 것은 불가능합니다.

Would he have succeeded if I had helped him?
내가 도와줬더라면 그 남자 성공했을까?

마지막으로 되돌릴 수 없는 가정으로 인해 현재가 0%인 경우를 보겠습니다.

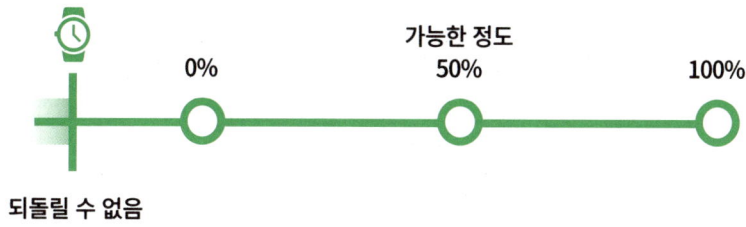

> 과거에 공부를 하지 않아서 지금 의사가 아니라는 의미입니다.

If you **had studied** hard, you **would be** a doctor (now).
열심히 공부했더라면, 넌 (지금) 의사가 되어 있을 텐데.

> 과거에 공부를 하지 않아서 그 당시 의사가 아니라는 의미입니다. 지금은 의사일 수 있습니다.

If you **had studied** hard, you **would have been** a doctor (then).
열심히 공부했더라면, 넌 (그때) 의사가 되었을 텐데.

이것으로 핵심동사의 모든 것을 알아보았습니다.

핵심동사가 아닌 동사

핵심동사

다음으로, '핵심동사가 아닌 동사'의 특징을 알아보겠습니다.

Part 4

다양한 활용,
비핵심동사

1

🎧 B4-1.mp3

비핵심동사의 종류

실은 핵심동사가 아닌 동사의 특징에 대해 우리는 이미 만난 적이 있어요.

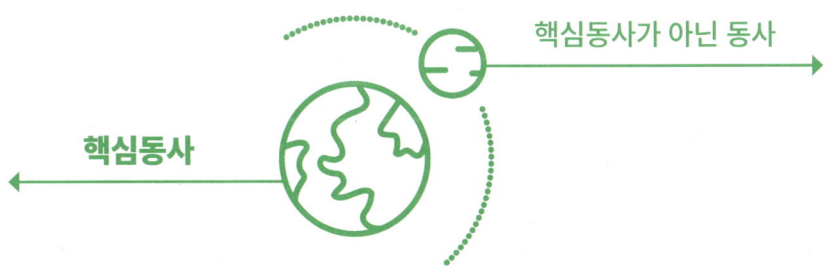

이 책 **기초편**의 처음에 등장한 딱딱이와 말랑이 부분 기억나세요?

바로 이 부분입니다. '동사도 부사, 형용사, 명사**처럼** 단어의 성격이 바뀌기도 하고요.'라는 부분이죠.

여기서 말랑이를 구부리거나 네모 모양으로 만드는 것이 비핵심동사입니다.

◆◆◆

여기서 변형된 각 부분에 이름을 붙여 봅시다.

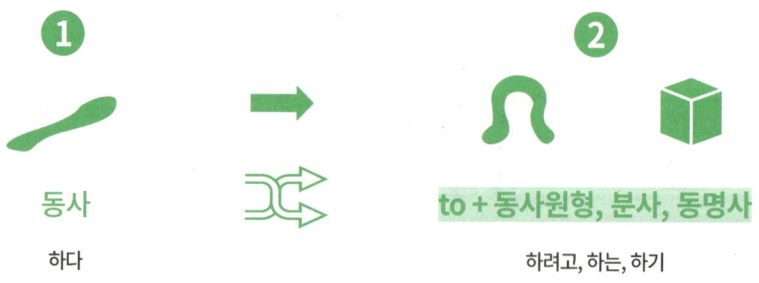

그 이름은 각각 '**to + 동사원형, 분사, 동명사**'입니다.

- 분사와 동명사는 모양이 같은 -ing를 포함하고 있어서 혼란을 주는 부분이 있습니다. 이에 대해서는 뒤에서 다루겠습니다.

그림에서도 알 수 있듯 얘네들의 고향은 동사입니다.

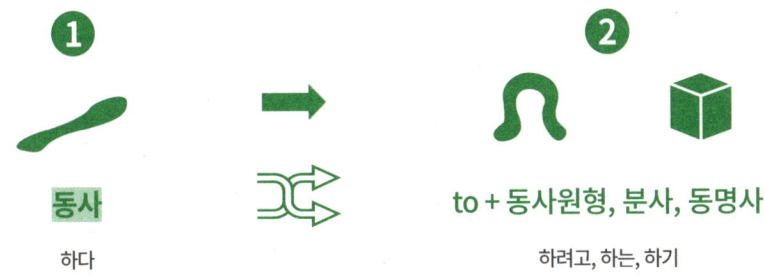

동사가 활용을 통해 명사, 형용사, 부사의 역할을 합니다.

◆◆◆

이렇게 동사가 활용되는 이유는 효율 때문입니다.

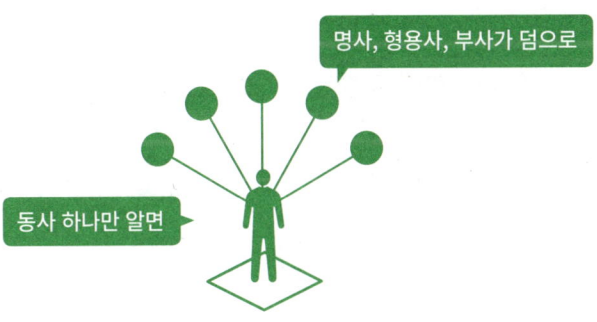

이렇게 활용을 하면 명사, 형용사, 부사를 따로 만들지 않아도 되고, 알아야 할 단어의 수가 줄어듭니다.

- 이 과정에서 모양이 겹치는 문제점이 발생하는데요. 이에 대해서는 다음 장에서 알아보겠습니다.

예를 들어볼까요? '먹다'라는 동사는 다음과 같이 모양이 변할 수 있습니다.

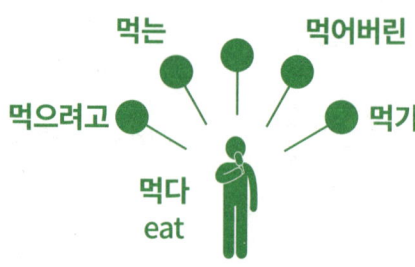

'먹으려고, 먹는, 먹어버린, 먹기'

- '먹었지만, 먹을 거야' 등의 활용은 앞에서 다룬 핵심동사에 접속사나 조동사를 붙여서 만듭니다.

◆◆◆

이 활용에 영어 표현을 붙이면 다음과 같습니다.

마지막으로 여기에 문법용어를 붙여 보겠습니다.

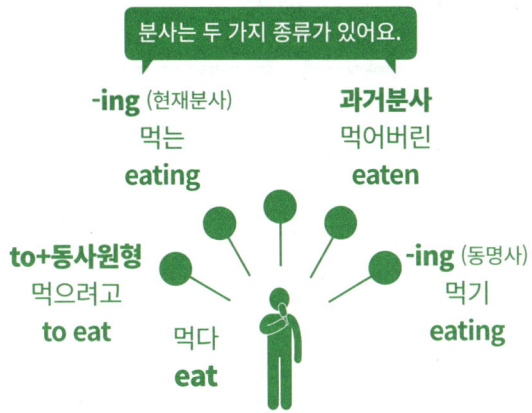

갑자기 글자가 많아지니까 눈이 어지럽죠?
지금부터 눈에 들어오도록 간단히 해결해 드릴게요.

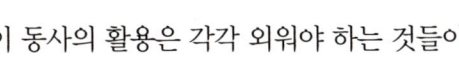

이 동사의 활용은 각각 외워야 하는 것들이지만,
사실은 실 하나에 꿸 수 있습니다.

시간적인 흐름으로 보면 다음과 같습니다.

현재 말하는 시점보다, 먼저 일어난 일, 동시에 일어나는 일, 일어날 일입니다.

- 단, I was surprised to hear the news.(그 소식을 듣고 놀랐어.)와 같이 감정표현 다음에 나오는 'to+동사원형'은 미래의 의미가 없습니다.

과거분사, 현재분사, to+동사원형은 수동과 능동으로 나눌 수도 있습니다.

이때에는 시간의 의미가 없을 수 있습니다.

- The new class is going to be opened tomorrow.(새 강좌는 내일 열릴 예정입니다.)에서 opened는 수동의 의미만 지닙니다.

과거분사는 문장의 어디에 위치할까요?

일단 동사의 활용이므로 당연히 동사의 자리에도 올 수 있죠.

I have **eaten** codfish in Portugal.

과거분사로 동사(현재완료)의 자리에 쓰였습니다.

이미 먹었다는 과거의 의미를 지닙니다.

난 포르투갈에서 대구를 먹었어.

과거분사로 핵심동사의 변형에 들어간 경우입니다.

관형어로 명사의 앞뒤에 올 수 있습니다.

Cod is one of the most commonly **eaten** fish in Portugal.

명사 fish를 꾸며주는 관형어의 역할을 합니다.

과거분사로 먹혀진다는 수동의 의미입니다.

대구는 포르투갈에서 제일 흔히 먹는 생선 중 하나야.

'수동의 의미'를 가진 과거분사가 '명사 앞에서 관형어'로 쓰였습니다.

to+동사원형이 들어간 문장을 한번 보겠습니다.

> 동사의 성질을 지니므로 목적어를 가집니다.

I went to Portugal **to eat** codfish.

> '능동+미래'의 의미를 지닙니다.

과거 / 현재 / 미래

난 대구를 먹으려고 포르투갈에 갔어.

[동사+명사]블록에서 동사의 자리에 들어갑니다.

◆◆◆

마지막으로 현재분사, -ing가 들어간 문장을 보겠습니다.

> 동사의 성질을 지니므로 목적어를 가집니다.

I've seen a man **eating** codfish in Portugal.

> '능동+현재 묘사'의 의미를 지닙니다.

과거 / 현재 / 미래

난 포르투갈에서 대구를 먹는 남자를 봤어.

역시 동사의 성질을 지니므로 [동사+명사]블록에서
동사의 자리에 들어갑니다.

- 동시에 a man이 무엇을 하는지 뒤에서 꾸미는 관형어의 역할을 합니다.
  뒤에서 한 번 더 위치에 대해 다룰 거예요.

2

🎧 B4-2.mp3

같은 모양인데
다른 용도로 사용되는 경우

영어에는 같은 모양인데 다른 용도로 사용된 경우들이 있어요.

언제 어떤 내용이 쓰이는지 한번 봐두면 당황할 일이 없겠죠?

첫째, 동사가 **동명사와 현재분사 -ing로 쓰이는 경우**입니다.

둘째, 동사의 **과거형과 과거분사의 모양이 같은 경우**입니다.

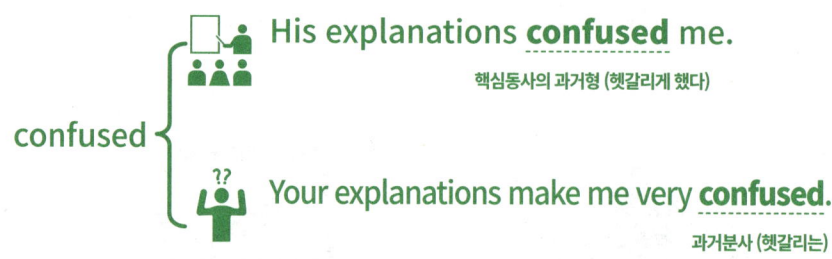

그의 설명은 헷갈렸습니다. (나를 헷갈리게 했다)
당신의 설명은 날 매우 헷갈리게 만드는군요.

문장은 읽기 싫겠지만 같은 단어가 쓰인 건 알겠죠?

셋째, 두 번째와 같이 핵심동사의 **과거형과 과거분사를 똑같이 구분**하는 겁니다.

그런데 앞과는 달리 종류와 구분하는 방법이 약간 다릅니다. 그런데 별 것 없어요.

◆◆◆

넷째, **명사의 복수형과 동사의 현재형의 모양이 같은 경우**입니다.

두 사람 사이의 사랑스런 대화
말이 말을 하다!

다섯째, **ly로 끝나지만 형용사인 경우와 부사인 경우**입니다.

a **friendly** talk
'친밀한 대화'에서 대화를 꾸미는 관형어로 쓰였습니다.

-ly

talk **friendly**
'친근하게 이야기하다'에서 동사를 꾸미는 부사로 쓰였습니다.

CC BY friends by Gregor Cresnar from the Noun Project

지금부터 이 각각을 구분하는 법을 익혀 봅시다.

- 네 번째와 다섯 번째는 쉽기도 하고 구분해봐야 크게 의미가 없으므로 하지 않을 거예요.

-ing의 쓰임 구분

🎧 B4-3.mp3

먼저, 가장 중요한 -ing의 쓰임을 구분하는 법에 대해 본격적으로 알아봅시다.

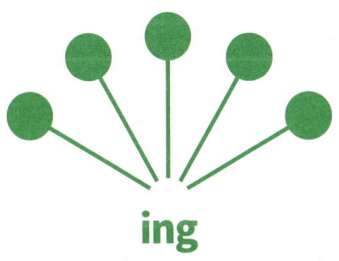

-ing는 동작의 농도에 따라 명사에서 형용사로 나뉩니다.

나뉜다는 말은 단어가 쓰이는 위치와 느낌이 서로 다르다는 말입니다.

- 동작의 농도가 중간이라는 것은 때에 따라 동작의 의미가 있기도 하고 없을 수도 있다는 말입니다.

◆◆◆

우선 봐야 할 것은 순수한 명사인 '춤'인데요. 얘는 동사의 활용이 아니에요.

순수한 명사로 사전에도 명사라는 품사를 가집니다.

- 나머지 둘은 동사의 활용이므로 품사가 없습니다.

이런 비슷한 예로는 수면(sleeping), 탑승(riding), 식사(eating), 함성(shouting), 근무(working) 등이 있어요.

- 보통 우리말에서 한자로 표시되는 것들이네요. 꼭 그런 건 아닙니다만.

모두 명사로서 동작의 의미는 없습니다.

◆◆◆

명사니까 다른 명사들과 함께 하나의 명사를 만들기도 합니다.

- 이렇게 만들어진 명사를 복합명사라고도 합니다.

다시 한 번 말씀 드리지만, 모두 명사로서 동작의 의미는 없습니다.

- 동작의 의미를 주면 신발이 춤을 추거나, 집이 무언가를 먹는 것처럼 되어 버리겠죠?

두 번째는 동작의 의미가 있으면서도 명사의 자리에 들어가는 것들입니다.

소위 동명사라고 하는 건데요. 동사와 명사의 성질을 모두 지닙니다.

- 동사와 명사의 성질을 모두 지니면 어떻게 되는지 궁금하시죠?

◆◆◆

이 -ing는 동사의 성질을 지니므로 목적어를 가지기도 합니다.

- 동사의 활용이므로 당연하죠.

이 동명사도 명사처럼 블록에서 명사의 자리에 들어갑니다.

- [명사]블록, [동사+명사]블록, [전치사+명사]블록의 세 명사 자리에 들어갑니다.

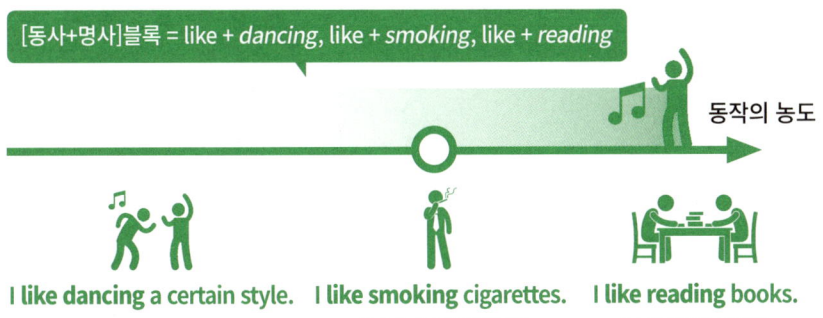

동사 like 뒤에 명사처럼 -ing가 와서 [동사+명사]블록을 만들었습니다.

- 동작의 의미가 있기도 하고 없기도 합니다. 구분하기 어렵습니다. 따지지 마세요

마지막으로 형용사처럼 쓰이는 경우입니다.

동작의 의미가 강하고 앞의 명사를 묘사합니다.

앞에서 본 동명사와 같은 그림이죠? 모양도 같네요.

- 그래서 동명사와 현재분사를 구분해야 할 필요가 있는 거예요.

◆◆◆

동작의 의미이므로 [**동사**+명사]블록에서 동사에 위치합니다.

[동사+명사]블록 = *dancing* + a certain style, *smoking* + a cigarette, *reading* + books

I saw him dancing a certain style.
난 그 남자가 **스타일 있는 춤을 추는** 것을 봤어.

I saw him smoking a cigarette.
난 그 남자가 **담배 피우는** 것을 봤어.

I saw him reading a book.
난 그 남자가 **책 읽는** 것을 봤어.

그가 동작을 하는 느낌이 오죠?

특히, 이 현재분사는 바로 앞의 의미상 주어를 꾸며주는 역할을 합니다.

- '꾸며준다'는 말은 현재 생생히 중계하는 것처럼 전달한다는 의미를 지닙니다.

He ran out **crying**.

그 남자는 울면서 달려 나갔어요.

I saw them **dancing a certain style**.

난 그 사람들이 스타일 있는 춤을 추는 것을 봤어요.

◆◆◆

지금부터 순수한 명사, 동명사, 현재분사를 구분해 봅시다.

동작의 농도

dancing shoes 무용화   **sleeping pill** 수면제   **riding jacket** 라이딩 재킷   **eating house** 음식점   **shouting distance** 가까운 거리

dancing a certain style   **smoking a cigarette**   **reading books**

순수한 명사와 동명사의 구분은 상식적으로 의미 파악이 가능합니다.

동작의 의미가 있는지 여부로 파악하면 되니까요.

dancing shoes
무용화

sleeping pill
수면제

riding jacket
라이딩 재킷

eating house
음식점

shouting distance
가까운 거리

sleeping pill에서 pill이 잠을 자는 만화 같은 일은 없죠.

그 다음, 동명사와 현재분사는 모두 동작의 의미가 섞여 있으므로 위치로 구분합니다.

Φ+**명사**   **Dancing any style** is hard.
스타일 있는 춤을 추는 것은 어려워.

동사+**명사**   I like **smoking cigarettes**.
난 담배 피우기를 좋아해.

전치사+**명사**      The 5 best apps for **reading books**.
책 읽기를 위한 제일 좋은 앱 5개

블록에서 명사의 위치에 자리하면 동명사!

- 외우지 마세요. 상식적으로 생각해 보세요.

블록에서 동사의 자리에 위치하면 현재분사입니다.

- 동사의 활용이니까요. 단 핵심동사에 들어가려면 is dancing처럼 be동사가 하나 더 들어가야 합니다.

Φ+명사

동사+명사    I saw him **dancing a certain style**.

전치사+명사

즉, -ing는 전치사 자리를 제외하고서 블록 어디에도 위치할 수 있습니다.

- 그냥 막 써도 된다는 말이에요.

결론적으로, -ing는 블록의 어디에든(동사, 명사 자리) 들어갈 수 있습니다.

- -ing 의 세계정복

동사와 명사의 의미도 자유자재로 가질 수 있습니다.

그러니까 동명사니 현재분사니 따지지 마세요.

CC BY decision tree by Becris from the Noun Project

어차피 아무 자리나 올 수 있고, 의미도 거의 자동으로 분리되는 거니까요.

- 실제로 어떤 학자들은 분사와 동명사라는 용어를 쓰지 않기도 한답니다. 앞으로는 -ing라고 부를 거예요.

예문을 하나씩 볼까요? -ing가 핵심동사에 쓰인 경우입니다.
We are, They are에서 are와 결합하여 핵심동사를 이루고 있죠?

The cars <u>are</u> going to the finish line.
차들이 결승선으로 가고 있어.

They <u>are</u> singing in the karaoke room.
걔들은 노래방에서 노래하고 있어.

직접 보는 것과 같이 동작의 상황을 묘사하고 있습니다.

[Φ+**명사**]블록의 명사 자리에 쓰인 경우입니다. 문장의 주어가 되죠.

Knowing when to use 'who' and 'whom' is difficult.
who와 whom을 언제 써야 할지 알기는 어렵다.

Running with my friends is fun.
내 친구와 달리는 것은 재미있어.

'아는 것, 달리는 것'이라는 동작의 의미가 있지만
묘사를 하는 의미는 없습니다.
동사와 명사의 성격을 모두 지니고 있습니다. 동사의 활용이죠.

[**동사**+명사]블록의 동사 자리에 쓰인 경우입니다. 역시 동사의 활용입니다.

A small town girl **living** in a lonely world.
고독한 세상에 살고 있는 작은 마을 소녀

The young students **taking** the final exam look afraid.
기말고사를 치고 있는 어린 학생들은 두려워 보인다.

앞의 주어를 묘사하고 있으며, 말하는 시점의 상태를 묘사하고 있습니다.

[동사+**명사**]블록의 명사 자리에 쓰인 경우입니다. 역시 동사의 활용입니다.

Don't stop believing. 믿기를 멈추지 마. (계속 믿어.)

Hacking can make computer systems stop working.
해킹은 컴퓨터 시스템이 작동하는 것을 멈추게 할 수 있어.

모두 동사 stop의 목적어인 명사로 쓰였으며,
동작의 의미가 들어갈 수도 있고 아닐 수도 있습니다. 구분하지 마세요.

- working은 '움직이는 것'이라고 동작의 의미를 부가할 수도 있고 '작동'으로 동작의 의미를 부가하지 않을 수도 있어요.
  - believing도 '믿는 것'이라고 할 수도 있고 '믿음'이라고 할 수도 있어요.

[전치사+**명사**]블록의 명사 자리에 쓰인 경우입니다. 역시 동사의 활용입니다.

Hold on to that feeling. 그런 감정을 계속 갖고 있으세요.

I should think about buying a new car.
새 차를 사는 것에 대해 생각해봐야겠다.

모두 전치사 to, about 뒤 명사로 쓰였으며, 앞과 마찬가지로 동작의
의미가 들어갈 수도 있고 아닐 수도 있습니다. 구분하지 마세요.

- 위 문장에서 feeling을 느낌으로 보면 동작의 의미가 없어 보이죠?
  - buying도 '구매'나 '사는 것'이냐에 따라 왔다 갔다 합니다.

연습을 해봅시다

제대로 이해했는지 연습문제 두 개 나갑니다.

밑줄 친 단어를 블록으로 구분해 보세요.

- 블록으로 구분할 수 있다는 말은 동사의 활용이 어디에 해당하는지 안다는 말입니다.

1. **Walking** at night, the hikers used headlamps.

2. The groups have **meanings** that suggest **beginnings** and ends.

1. 밤에 걸을 때 하이커들은 헤드램프를 사용했어.
2. 그 (낱말들의) 그룹은 시작과 끝을 시사하는 의미를 갖고 있다.

1번 문장은 [동사+명사]블록의 동사,

2번 문장은 둘 다 [동사+명사]블록의 명사에 해당합니다.

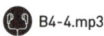

과거형과
과거분사형 구분

두 번째로 과거형과 과거분사를 구분해 봅시다.

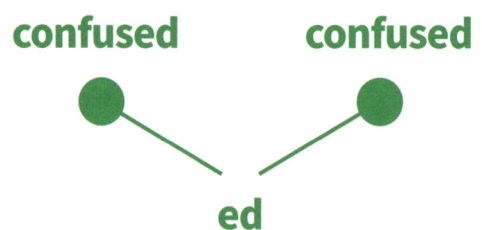

앞에서 본 동명사와 현재분사와는 다르게 조금 구분할 필요가 있어요.

- 동명사와 현재분사는 의미를 크게 구분하지 않고 위치를 구분하는 데 신경 썼어요.

잘못 구분하면 능동과 수동이 서로 반대가 되어버리니까요.

동사의 과거형은 능동이고, 과거분사는 수동의 의미가 있어요.

- 동사의 과거형이란 수동태를 쓰지 않을 때를 의미합니다.

핵심동사의 과거형으로 쓰이는 -ed는 대부분 명사를 목적어로 가집니다.

Your explanations **confused** me.

핵심동사의 과거형, 능동의 의미

이와는 반대로 과거분사는 뒤에 명사가 나오지 않습니다.

- 형용사의 성질 및 수동의 의미를 지니니까요.

 Your explanations make me very **confused**.

과거분사, 수동의 의미

핵심동사가 앞에 있는지 따지기도 하지만 뉴스 헤드라인에서는 핵심동사가 없기도 합니다.

그 대신, 과거분사 뒤에는 주로 [전치사+명사]블록이 나옵니다.

- 추가 설명을 위해서입니다.

 I keep the key of the door **fastened** to my wrist.

과거분사　　　[전치사+명사]블록

난 문 열쇠를 손목에 채워 둡니다.

CC BY wristband by TUXX from the Noun Project

비슷한 모양이지만 약간 다르게 생각해야 하는 것이 하나 더 있어요.

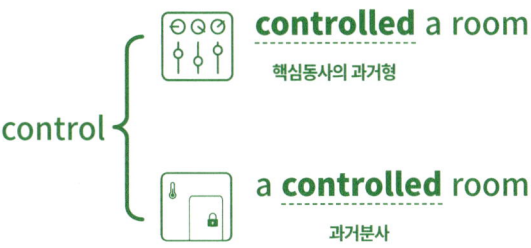

이번에는 과거분사가 명사의 앞에 오는 경우입니다.

앞서 본 confused와 마찬가지로 수동과 능동의 의미가 나뉘므로 조심해서 봐야 합니다.

- 능동과 수동은 의미가 180도 달라지므로 주의해서 봐야 합니다. 죽느냐 죽이느냐의 차이예요.

위는 동사의 과거형이고 아래는 수동의 과거분사이니까요.

이를 구분하는 기준은 역시 주위의 다른 단어들입니다.

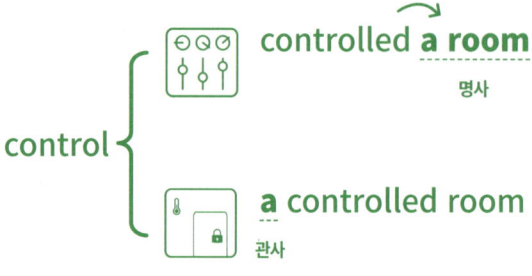

[동사+명사]블록이면 능동이고, 하나의 명사인 경우는 과거분사입니다.

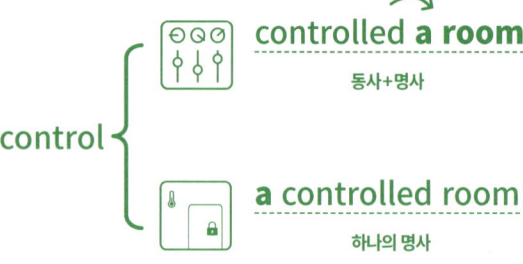

관사 a의 위치가 어디냐에 따라 의미가 완전히 달라지는 거죠.

5

🎧 B4-5.mp3

명사와 동사의 교환

이제 이 책의 마지막으로 명사와 동사의 교환에 대해 알아보겠습니다.

어려울 것 없습니다. 명사를 동사로, 동사를 명사로 재활용해 쓰는 거예요.

- 다른 품사끼리도(예를 들어 형용사를 명사로) 바꿔 쓰지만 여기서는 동사와 명사만 볼 거예요.

여기에 대해서는 앞서 아래와 같이 설명 드린 적이 있어요.

덧붙여, 같은 모양의 단어라도 문장 내에서 명사처럼 쓰이면 명사,

처음 보는 것 같죠?

동사처럼 쓰이면 동사로 봅니다.

영어에서는 명사와 동사를 그대로 쓰는 일이 일상이라고 보면 됩니다.

아래는 명사와 동사 모두 쓰이는 많은 예들 중 몇 개입니다.

동사와 명사의 구분은 모양 및 다른 단어와의 관계로
구분할 수 있습니다.

> comb 앞에 관사가 있으므로 명사입니다.

She ran **a comb** through her tangled hair.

그 여자는 헝클어진 머리를 빗으로 빗었다.

> 엄밀하게는 동사의 활용인 과거분사입니다.

Her reddish hair was cut short and neatly **combed**.

그 여자의 붉은 머리는 짧게 잘리고 단정하게 빗겼다.

Send me **an email**.

제게 이메일을 보내주세요.

> 동사의 과거형이 쓰였죠?

We **emailed** photographs directly from the camera.

우리는 카메라에서 곧바로 사진을 이메일로 보냈습니다.

10년 노 No 답 答 내 영어,
블록에서 정답 正答 을 찾다!

영어 못하는 사람에게 더 쉬운 신묘한 영어책

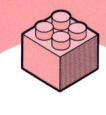
모든 영어는 3개의 블록이다!

찰떡같은 이미지로 쉽고 재미있게!

로봇을 조립하듯 문장을 완성한다!
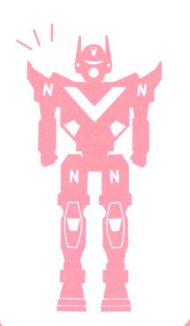

www.eztok.co.kr

블록영어
Block English